자존감

알리스터 맥그래스 | 조애나 맥그래스
윤종석 옮김

IVP

IVP(InterVarsity Press)는
캠퍼스와 세상 속의 하나님 나라 운동을 지향하는
IVF(InterVarsity Christian Fellowship)의 출판부로
생각하는 그리스도인을 위한 문서 운동을 실천합니다.

Originally published by InterVarsity Press
as *Self-Esteem* by Joanna McGrath & Alister McGrath
ⓒ 2001 by Joanna McGrath & Alister McGrath
Translated by permission of InterVarsity Press
38 De Montfort Street, Leicester LE1 7GP, England

Korean Edition ⓒ 2003 by Korea InterVarsity Press
156-10 Donggyo-Ro, Mapo-Gu, Seoul 04031, Korea

SELF-ESTEEM

the cross and christian confidence

Joanna McGrath
& Alister McGrath

차례

감사의 글   7
서문   9

1 자존감의 개념   15
    자존감을 정의할 필요성
    역사적, 문화적 맥락
    심리학적 모델들
    자존감의 정의

2 자존감의 기초   39
    자존감과 역할
    자존감과 혈통
    자존감과 역할 수행
    자존감과 타인의 사랑
    자존감과 영원한 의미
    자존감과 경험의 해석

3 자존감의 기능   61
    성격 장애
    정신 질환
    분리와 자존감
    심리 치료 관계에서의 양육 측면

4 자존감: 기독교적 접근을 찾아   87
    죄의 실체
    자기 자신을 잃어버리라는 그리스도의 명령
    절대적 도덕 기준에 대한 기독교의 강조
    인간의 성취가 아닌 하나님의 은혜로 인한 구원

5 　십자가: 자존감의 객관적 기초　　　　　　　　　109
　십자가와 죄
　온전함의 이미지들: 신약의 구원관

6 　하나님의 부모 같은 돌보심　　　　　　　　　　131
　아버지를 향한 그리움
　아버지께 속함
　하나님의 부성에 대한 신학적 기초

7 　모든 상황에 자족함: 구속받은 삶　　　　　　　149
　빌립보서
　종과 성도: 인격적 가치에 대한 불안
　사슬에 매인 바울: 모든 상황에 자족함
　신자의 겸손
　그리스도의 겸손
　성취인가 축복인가: 자존감의 대립 개념
　그리스도께 잡힌 바 되어
　기쁨과 평안: 그리스도 안에서 자족함
　결론

8 　그리스도 안의 격려: 교회 생활　　　　　　　　175
　인정의 필요성
　가르침을 통해 사람들을 긍정해 주기
　비판과 자존감
　서로 존중함
　결론

부록: 자존감 성경 공부　　　　　　　　　　　　　　201
참고 도서　　　　　　　　　　　　　　　　　　　　205

감사의 글

본서는 저자들이 1990년 뉴저지 주 매디슨 소재 드류 대학교에 있을 때 시작됐다. 중요한 출판물들을 소장하고 있는 드류 대학교 도서관의 지원에 감사한다. 본서의 기획은 버뮤다 윌로우뱅크에 머물던 중 태동했는데, 이 곳에서 관련 주제들을 더 심층적으로 연구할 수 있어 기쁘고 감사하다. 자기 상실에 대해 수차례 유익한 대화를 나눈 앤 브루스(Ann Bruce) 여사, 달란트 비유가 이 주제에 중요함을 지적해 준 배링턴 화이트(Barrington White) 박사에게도 감사한다.

개정판 준비 과정에서 우리는 '자존감에 대한 기독교적 접근'이라는 주제의 과목들을 가르칠 목적으로 준비해 둔 자료를 옥스퍼드 기독상담연구소 일일 강좌와 1995년 밴쿠버 리전트 칼리지 하계 강좌에 사용했다. 두 행사에서 유익한 소감을 들려 준 참석자들에게 감사한다.

알리스터 맥그래스
조애나 맥그래스

서문

본서는 1992년 처음 출간된 책의 개정판으로, 초판 독자들에게서 취합한 많은 유용한 의견들을 반영해 다시 집필하였다. 또한 개정판이 언제 나올지 궁금해하는 상담자들의 잇단 문의에 대한 응답이기도 하다. 전면 개정을 거친 본서가 기독교 사역 가운데 자존감 문제에 관심을 갖고 있는 모든 이들에게 유익이 되었으면 한다.

자존감(self-esteem)은 그리스도인들에게 딜레마라고 할 수 있다. '자존감 운동'은 특히 미국 기독교계에서 초미의 중대사가 되어 왔다. 로버트 슐러(Robert Schuller)의 「자존감: 새로운 개혁」(*Self-Esteem: The New Reformation*) 같은 책들은 그리스도인들로 하여금 자신을 존중하고 자신에 대해 '좋은 느낌'을 갖도록 고무시켜 주었다. 일반 상담이나 기독교 상담 할 것 없이, 사람들을 자기 자신에 대한 잘못된 부정적 평가에서 해방시키려는 관심이 고조되고 있다. 왜냐하면 그런 부정적 평가의 결과는 치명적일 수 있기 때문이다.

그런 처지의 사람들을 누구나 만나 봤을 것이다. 언젠가 우리는 어떤 교회 집회에서 한 젊은 여자를 만났다. 그녀는 자신을 전혀 무가치한 '무용지물'이라고 여기고 있었다. 하나님이 독생자를 보내서서 그녀를 위해 죽게 하신 유일한 이유는 그분의 무한한 자비일 뿐이었다. 그녀 편에는 그분께 그런 일을 하시게 할 만한 요소가 전무했다. 그녀는 풀 죽은 모습에 목소리마저 비참하게 들렸다. 이것은 자신이 인격적으로 무가치하다고 절대 확신하는 오늘날 많은 교인들의 전형적인 모습일 것이다. 그리고 이런 절대적인 무가치감은 목회 현장의 여러 고충 근저에 도사리고 있는 듯하다. 그것 때문에 교인들은 그리스도인으로서 자신의 사명에 대한 충만한 잠재력을 실현하지 못하고 있으며, 하나님이 그들을 향해 계획하신 일들을 성취하지 못하고 있다. '무용지물' 내지 '무가치한 존재'로 자처하는 이들은 자기가 교회 생활에 전혀 기여할 것이 없다고 생각하며 실제로 그렇게 행동하게 된다. 그 결과 그들 자신도 교회도 모두 빈곤하게 된 것이다.

이들을 부정적 자아상에서 해방시키려는 작금의 관심은 이해할 만하다. 그러나 긍정적 자존감을 높이려는 노력이 신학적으로 매우 미심쩍은 토대에 근거한 듯이 보일 때가 많다. 죄의 실체, 겸손의 본분 등 기독교의 핵심 개념들이 폐기되거나 훼손된 듯이 보인다(신약 성경은 자기 부인을 강조한다. 참고. 마 5:40; 18:4; 막 8:34; 10:43-44; 요 3:30; 롬 3:23; 고전 10:24; 빌 2:3). 긍정적 자존감을 위한 대가로 복음이 희석되거나 왜곡되는 경우가 많다. 그 결과 '자존감 운동'은 기독교계 안에서 강한 비판에 부딪혔다.

제이 아담스(Jay Adams), 폴 비츠(Paul C. Vitz) 같은 영향력 있는 저자들은 자존감에 대한 새로운 관심이 자기 숭배를 위한 구실일 따름이라고 주장했다. 아담스는 자존감을 기독교 안에 설 자리가 없는 '이교도적' 개념으로 묘사했다. 우리는 '자기 가치'(self-worth)를 논할 것이 아니라, 자신을 '범죄자'로 보고 '날마다 자신을 죽여야' 한다는 것이다.

이렇듯 많은 그리스도인들이 딜레마에 빠져 있다. 자신을 절대 긍정적으로 봐야 한다는 그리스도인 저자들과, 이에 못지않게 자신을 절대 부정적으로 봐야 한다는 그리스도인 저자들 사이에 끼여 있는 것이다. 어느 쪽이 옳은가? 그리고 어떻게 해서 이런 혼란스런 상황이 발생한 것인가?

자존감에 관련된 문제들을 심리학적으로 식견 있고 신학적으로 책임감 있는 방식으로, 충분하고도 직접적으로 다루고자 하는 것이 바로 본서의 취지다. 심리학과 신학에 대한 피상적인 수준의 이해 때문에 혼란이 생겨나는 측면이 있다. 일반 심리 치료의 많은 개념과 방법들이 그 기본 전제와 함의들에 대한 충분한 이해 없이 막연히 '과학성'이나 '공정성'의 이름으로 무비판적으로 기독교 상담에 수용됐다. 모든 심리 치료 접근들은 형이상학적 신념 체계에 기초하고 있으며 추종자들에게 어느 정도 믿음을 요구한다는 사실을 인식하는 것이 매우 중요하다. 정신 분석, 행동주의, 인본주의는 모두 헌신과 동의를 요구하는 신념 체계의 예다.

시종일관 우리는 심리학과 신학의 기술적 용어들을 지나치게 단순화하거나 왜곡하지 않으면서 비전문가인 독자들에게 그 둘을 관련시켜서 설명하고자 애썼다. 본서의 핵심 개념은 **자존감**이다. 이것은 대부분의 사람들에게 익숙한 용어임에도 불구하고 흔히들 알고 있는 것보다 훨씬 복잡한 개념이다.

그리스도인의 자신감은 전적으로 그리스도의 십자가에 근거하지만, 현대 심리학의 일부 치료적 통찰도 어느 정도 타당성이 있다는 것이 본서의 논지다. 그래서 가운데 한 장을 할애해 복음과 대부분의 일반 심리 치료 사이에 존재하는 긴장을 다루었다. 일반 심리 치료는 종종 그리스도인들이 받아들일 수 없는 전제에 기초한 것임을 볼 수 있다. 그러나 각각 심리학자와 신학자인 두 저자는 단순히 긴장의 존재를 인정하는 차원을 넘어 양분야의 통찰을 조화로이 통합해 긴장을 해결하는 데 초점을 두었다. 책임감 있는 기독교적 방식으로 바라보고 사용한다면, 심리 치료도 부정적 자존감으로 고생하는 이들에게 진정으로 도움이 될 수 있다.

처음 세 장에서는 자존감 개념의 역사를 개괄하고 그것이 현대 서구 문화의 중대 관건이 된 경위를 짚어 본다. 자존감이 자신의 용인 가능성과 사랑받을 가치에 대한 판단 및 그와 관련된 감정을 아우른 복잡한 개념임이 밝혀진다. 긍정적 자존감은 정신 건강 및 원만한 성격과 맞물려 있다. 자존감은 현재 안전을 경험하는 방식인데, 그 안전은 과거의 대인 관계 특히 부모의 양육을 통해 형성된다.

이렇듯 제1장에서 제3장까지는 자존감의 개념, 기초, 유지를 다룬다. 행동과학에 대한 기초 지식이 있는 독자라면 특히 이런 소재에 흥미를 느끼겠지만 이 분야에 익숙하지 않은 이들도 쉽게 다가갈 수 있게 했다. 우리가 자존감을 주제로 집필을 결심한 이유 중 하나는 그것이 정신 건강 전문가들뿐만 아니라 일반인들에게도 중요하고 의미 있는 개념이기 때문이다. 자존감은 누구나 쉽게 이해할 수 있으며 인간 경험과 의미심장하게 관련되어 있다.

자존감에 초점을 맞추기로 한 둘째 이유는 실제 그것이 성경 도처에 반복적으로 언급되며 목회적으로나 신학적으로 중요하기 때문이다. 성경에 '자존감'이라는 구체적인 용어는 나오지 않지만 인간의 자기 가치라는 일반 주제는 신구약 성경 모두에 틀림없이 등장한다. 이렇듯 자존감은 얼마든지 심리학적, 신학적 관점에서 탐색할 만한 주제다.

자존감의 심리학적 접근을 다룬 후 제4장에서는 일반 학문으로서의 자존감 이론(그리고 그에 기초한 치료적 접근)과 기독교적 인간관 사이의 상충점, 접촉점, 유사점에 대해 생각해 본다. 특히 인간 본성에 내재된 죄의 실체와 그리스도인에게 요구되는 겸손이라는 문제를 제기한다. 이 둘은 기독교 세계관과 세속 세계관 사이에 잠재되어 있는 긴장의 영역이다.

이어서 이런 상충점이 그리스도의 십자가를 통해 어떻게 해결될 수 있는지 제시했다. 제5장에서는 십자가가 어떻게 기독교적 자존감의 객관적 근거가 되는지 설명했다. 그리스도의 십자가 죽음이 어떻게 죄를 해결하여 구원을 가능하게 했는지를 올바로 이해하면 신자들의 삶 속에서 자존감이 그 의미를 찾게 된다. 죄를 '하나님과의 분리'로 보는 개념과, 구속을 '하나님과의 애착'으로 보는 개념에 특히 주목했다. 십자가에 달리신 그리스도를 믿음으로써 신자는 그 지위가 달라진다.

제6장에서는 하나님과의 애착의 의미가 소상히 전개된다. 우리가 체험하는 성부와의 관계를 성경에 아주 다양하게 나타난 하나님의 부모로서의 이미지 즉 부모의 사랑과 돌봄이라는 이미지와 우리의 양자 신분과 관련지어 논의했다.

저자들은 이런 이슈를 다루면서 철저히 성경에 충실하려 했다. 자존감에 대한 우리의 접근이 성경적 증언과 확실히 연관되어 있다는 점을 예시하고자, 제7장은 바울의 빌립보서 독본 형태로 꾸몄다. 빌립보서는 그리스도인의 바른 자존감을 신자 개개인의 삶에 적용한 서신이다. 성경에 자존감 문제가 언급된 곳은 개별 본문이나 일화만이 아니다. 빌립보서가 보여 주듯 때로 자기 평가의 문제는 성경의 상당 부분을 차지하고 있다.

끝으로 이 모든 내용이 교회 전체에 미치는 의미를 제8장에서 고찰했다. 본서에 제시된 자존감에 대한 접근을 기독교 공동체의 일상 생활에 적용하여 이론과 실제를 통합하는 것이 마지막 장의 취지다. 이러한 통찰을 설교와 교육에 통합하는 방안도 제시했다. 또 기독교 공동체 내의 비판과 상호 존중의 필요성이라는 민감한 영역에 이런 통찰이 어떻게 연관되는지 살펴보았다.

상이한 두 분야의 통합을 꾀한 두 명의 저자에 의한 책은 의당 저자나 독자나 모두 부담을 느끼게 마련이다. 본서는 자존감과 관련된 심리학과 신학의 통찰을 유익하고 책임감 있게 통합하려는 일관된 시도의 산물이다. 심리학자가 쓴 심리학 부분과 신학자가 쓴 신학 부분으로 구성된 것처럼 보일 수 있으나 사실 본서는 양분야의 통찰을 책 전체에 고루 담으려는 일념으로 시종 공동 집필되었다. 자존감이라는 특정 분야에서 신학과 심리학 사이에 진정 시너지가 존재한다는 것, 그리고 그 둘이 서로 어떻게 조명하고 있는지 이해함으로써 목회 사역에 중요한 통찰을 얻을 수 있다는 것이 저자들의 믿음이다.

1. 자존감의 개념

본서는 20세기 후반부터 서구 문화의 중대 관건이 된 자존감 개념을 기독교적 관점에서 탐구한 것이다. 각각 심리학자와 신학자인 저자들은 양분야의 방법을 사용해 주제에 접근하고 있다.

인간과 사회가 행동하는 방식에 관해 그리고 정서적 경험의 본질에 관해 심리학과 신학은 공히 할 말이 있다. 심리학적 접근과 신학적 접근은 저마다 특수 영역을 고수하며 적절히 양립할 수 있는 때가 있다. 또 둘은 같은 주제에 대해 다른 관점을 제시하며 보완적 접근을 내놓는 듯 보일 때도 있다. 그런가 하면 심리학과 신학 사이에 노골적인 갈등으로 불거질 수 있는 긴장이 존재할 때도 있다.

본서에서 우리는 양분야의 통찰을 엮어 하나님의 창조 세계에 적용하는 통합적 접근으로 심리학과 신학을 사용하고자 했다. 자존감을 주제로 택했지만 얼마든지 다른 주제와 다른 접근— 예컨대 생물학과 신학—을 택할 수도 있었을 것이다. 그럼에도 심리학은 지적 설명을 제시할 뿐 아니라 목회 상황에 적용되면 좋은 영향을 끼칠 수 있다는 점에서 특히 유익하다.

저자 중 한 사람은 선천성 안면 기형이 심한 아동들을 상대하며 자존감 개념에 처음으로 관심을 갖게 되었다. 그런 아이들이 자기 자신에게 호감을 느끼는 역량을 갖추고 유년기에서 성인기로 넘어가는 것이 가능할까? 그들은 자신의 생김새를 놀리는 다른 아이들의 본성적인 잔인성을 견딜 수 있을까? 사춘기 때 받는 상처들을 감당할 수 있을까? 상당히 '정상적인' 모습을 되찾아 주는(그럼에도 확연한 기형은 없앨 수 없는) 성형 수술은 그들의 **자신**에 대한 느낌에 일말의 차이라도 가져다 줄까? 이것이야말로 재정적·정서적으로 값을 들인 조치의 결과가 성공적인지 여부를 가늠할 결정적 기준이다. 이런 질문을 고찰하려면 자존감을 믿을 만한 방식으로 측정할 수 있어야 한다. 측정의 첫 단계는 정의를 내리는 것이다.

자존감을 정의할 필요성

각양각색의 사람들이 특정 문구의 의미를 저마다 직관적으로 알며 쉽게 사용할 수 있다 해서 모두 그 말을 같은 뜻으로 쓰고 있다는 보장은 없다. 사실 사람들이 용어를 모호하고 부정확하게 사용하는 영역이 하나 있다면, 그것은 단연 자신의 정신 생활 측면에 대한 묘사에서다. 이것은 어느 정도 정신 활동의 주관성 때문이다.

우리는 감자 자루를 가리키며 "봐라! 저건 감자다! 무게를 달아 보자!"라고 말할 수 있다. 지켜보는 모든 이들은 같은 감자를 보는 것이며 측정 대상이 무엇인지 안다. 그러나 자존감은 그런 것과 거리가 멀다. 자존감은 만질 수 없는 것이다. 하지만 우리는 남들이 그 말에 부여하는 의미는 대략 이해할 수 있다. 사실 그러한 대략적 이해로 충분할지도 모른다. 대부분의 경우 사람들이 자존감에 대해 가진 개념이 피차 연관성만 있다면 굳이 똑같지 않아도 문제 될 것이 없기 때문이다. 이 용어를 써서 우리는 자신의 내적 경험을 이해하고 표현하며, 타인들에 대한 자신의 관찰에 의미를 부여할 수 있다.

그러나 다른 정황들에서는 자존감에 대한 정확한 정의—**실체와 기능** 모두—가 없다는 것은 정말 중요한 문제가 된다. 타인의 행동을 공식적으로 설명할 수 있는 이론을 개발하거나 그 행동을 변화시키는 기법을 개발하는 작업에 임할 때, 이 말에 대해 정확히 합의된 정의는 필수적이다. 무엇보다 중요한 것은, 심리 건강의 요소를 규정할 때 우리는 자존감의 의미를 이해하고 있어야 한다는 것이다. 다시 말해 '건강하지 못하다'고 판정된 사람들이 어떤 방향으로 변화되어야 할지를 처방하려면, 최소한 '건강하다'는 것의 정의에 대한 합의가 있어야 한다.

여기서 몇 가지 주목해야 할 이슈가 있다. **첫째, 자존감을 정의할 수 없다는 것은 관련 이론들을 실험적 증거에 비추어 엄격히 시험할 수 없다는 뜻이다.** 자존감 개념이 두루뭉술하거나 잘 정의되어 있지 않으면, 설사 어떤 부적절한 심리 건강 이론이 실험적 증거로는 위협을 받는다 해도 자존감 개념의 강조점을 넓히거나 바꿔 수용하면 그만이다. 골대 자체를 옮길 수 있다는 얘기다.

둘째, 자존감(더 정확히 말해 부정적 자존감)이 단지 우울과 같은 뭔가 다른 것의 거창한 이름이 될 수 있다. 낮은 자존감과 우울감은 상당한 공통성을 보인다는 증거가 실제로 나와 있다. 그 결과, 단순히 둘이 밀접하게 연관되어 있다는 이유만으로 한 쪽의 측정이 다른 쪽의 측정을 '오염시킬' 수 있다. 자존감에 대한 빈틈없고 정확한 정의를 내리고 그것을 관련 개념들(우울 등)과 신중히 구별하지 않는 한, 우리는 그러잖아도 복잡한 학문 분야에 또 다른 불필요한 전문어만 하나 더 보태는 꼴이 될 수 있다.

셋째, 자존감의 정의가 너무 넓으면 구별된 개념으로서의 참 의미를 잃

을 수 있다. 앞 문단에서 지적한 내용이 어떤 면에서 여기서 더 확장될 수 있는데, 예컨대 높은 자존감은 인간 본성의 모든 좋은 것을, 낮은 자존감은 모든 나쁜 것을 뜻하는 것으로 이해될 수 있다. 이런 광범위한 개념에는 이렇다 할 정보가 없다. 모든 것을 설명하려다 아무 의미도 없게 될 수 있다.「자존감: 새로운 개혁」에 나타난 로버트 슐러의 접근에 이런 위험이 내재되어 있다고 볼 수 있다. 거기에서 슐러는 자존감을 "신적 존엄성에 대한 인간의 갈급함으로, 이는 우리가 하나님의 형상대로 지음받은 자녀로서 그분으로부터 부여받은 타고난 정서적 특권"이라고 정의한다.

그렇다면 이런 주관적 개념인 자존감을 어떻게 정의할 수 있을까? 한 가지 접근은 개념을 **행동화하는**(operationalize) 것이다. 다시 말해 성격의 내적 작용을 대변하는 관찰 가능한 외적 행동이 무엇인지 기술하는 것이다. 예를 들어, 우리는 부정적 자존감"을 지닌 사람이라면 "나같이 못난 사람이…" 같은 말을 다반사로 하리라 예상할 수 있으며, 따라서 그 개연성을 측정해 자존감의 지표로 삼을 수 있다. 이렇듯 자존감의 주관적인 내적 개념은 그 사람의 말이나 행동에 반영된다고 볼 수 있으며, 그것은 관찰자가 보고 알 수 있는 부분이다.

---

1) 본서에서 시종 우리는 **높은** 자존감이나 **낮은** 자존감이라는 말 대신 **긍정적** 자존감이나 **부정적** 자존감이라는 말을 사용했다. 여기에는 두 가지 이유가 있다.

첫째, **높은** 자존감이나 **낮은** 자존감이라는 말에는 일차원적 개념(온도나 중량과 유사한)이 들어 있다. 이후 논의에서 밝혀지겠지만 그와 동시에 자존감은 다양한 요인이 개입된 다차원적 개념(건강처럼)으로 볼 수도 있다. 자존감은 양이 아닌 질의 차원에서 생각해야 한다.

둘째, **높은** 자존감이나 **낮은** 자존감이라는 말은 자존감이 **계속 변하는** 개념(역시 온도나 중량처럼)이라는 인상을 풍길 수 있다. 자존감은 **이분법적** 개념으로―온전한 것 아니면 손상된 것으로―보는 것이 더 유익할 수 있다. 인간을 단순히 **남자** 아니면 **여자**로(남자나 여자의 다양한 정도가 아니라) 볼 수 있는 것과 같다.

그렇게 하여 정확한 행동적 설명을 얻어낼 수 있다. 그러나 혹자는 그 환원 과정에서 자존감의 본질이 증발해 버린다고 주장할 수 있다! 그 점도 인정해야겠지만 그렇다고 그것이 인간 행동에 대한 실험 가능한 이론을 고안할 책임을 벗어날 구실은 못 된다. 행동화된 개념은 일면 한계가 있을 수 있으나 그럼에도 불구하고 유용한 도구가 될 수 있다.

정서적으로 여리고 취약한 이들을 상담하는 막중한 책임이 있는 사람들이 확실히 해야 할 것이 있다. 내담자를 평가하고 지지하기 위해 사용하는 이론들은 엄격한 실험을 거친 신빙성 있고 효과적인 것이어야 한다는 사실이다. 항공 회사는 고객들이 항공기의 안전을 믿을 것을 기대한다. 우리에게도 똑같은 책임이 있다. 항공기의 내공성과, 설계의 기초가 되는 공기 역학 이론은 모두 시험과 검증을 거치게 된다. 심리 치료사들도 동일한 의무를 피해서는 안 된다.

따라서 처음 작업은 본서에서 전개할 논의의 문맥 안에서 자존감의 의미를 명확히 규정하는 것이다. 그러기 위해 현대 심리학에서 자존감 개념의 기원과 발전을 간략히 살펴볼 필요가 있다.

윌리엄 제임스

19세기의 미국 심리학자 윌리엄 제임스(William James, 1843-1910)는 자아 연구에 최초로 철학적 접근이 아닌 실험심리학적 접근을 기용한 사람일 것이다. 본질적으로 생물학적인 이 접근은 인간과 여타 동물 종들의 연속성을 강조한 찰스 다윈(Charles Darwin, 1809-1882)의 진화론에 영향을 받은 것이다. 제임스는 인간이 자신에게서 한 걸음 물러나 자신의 의식을 연구 대상으로 볼 줄 아는 역설적 특성을 갖고 있다고 지적했다(일부 현대 심리학자들은 이 과정을 '상위 인지'(meta cognition)라 부른다]. 제임스는 자아의 두 측면—**알려지는** 자아와 **아는** 자아—을 구분할 필요를 느꼈다. 이런 자의식 역량은 필시 언어 발달과 밀접하게 연관되어 있다. 따라서 그것은 논의의 여지가 있겠지만 인류의 독특한 현상이라 할 수 있다.

제임스는 개인의 '자아 개념'이란 아는 자아가 알려지는 자아를 보는 관점이라고 보았다. 알려지는 자아에는 물리적, 사회적 그리고 '정신적'(기질적) 요소가 있다. 예를 들면 각각 '키가 크다', '축구 선수이다', '태평스럽다'와 같은 것이다. 아는 자아가 이 각 요소의 작용을—특히 타인과의 상호 관계에서—지켜보는 사이 자아 개념이 형성된다. 사실 타인들의 말도 자아 개념에 통합될 수 있다. 자아 개념은 인간에 대해 중립적으로 묘사하는 것이지만, 대개 이상과 꿈이 통합된 하나의 가치 체계에 싸여 있다. 가치 체계는 판단적 성질을 부여해 자아 개념을 수정한다.

예컨대 '노련한 축구 선수'라는 자아 묘사는 스포츠에서의 성공을 높이 평가하는 문화에서는 칭찬일 수 있다. 그러나 본인과 주변 사람들의 꿈이 높은 학업 성취에 있다면(다른 모든 성취를 배제하고) 그 때는 동일한 묘사가 비난이 될 수 있다. 가치 체계는 인간이 자신을 보는 방식에 영향을 미친다.

조애나 맥그래스는 학창 시절의 한 가지 사건을 생생히 기억한다. 선생님이 책 읽기를 시키자 난독증(dyslexic)이 있던 그녀는 더듬더듬 형편없이 읽었다. 선생님은 그녀에게 왜 글을 못 읽는지 말해 보라고 했다. 그녀는 바느질과 요리 같은 실기는 잘 한다고 말하며 자신을 변호했다. 그러나 (케임브리지 대학교에서 공부했다는) 선생님은 이 여학생에게 **역겹다**는 말로 응수했다. 다른 상황에서라면 그녀의 실기 실력이 높게 평가됐을 수도 있을 것이다. 인간 행동에 부여되는 의미에 가치 체계가 영향을 미친다는 사실을 잘 보여주는 사건이다.

자아 개념의 중립적 묘사를 넘어 일단 자아에 대해 평가적 판단이 내려지면 거기에 감정이 수반된다. 좋은 판단에는 유쾌한 감정이, 나쁜 판단에는 불쾌한 감정이 따른다.

이렇듯 이미 1890년에 제임스는 자존감의 본질에 관해 세 가지 중요 사항을 지적했다.

1. 자존감은 자아에 대한 **가치 판단**에 의존한다.
2. 자아 개념과 그에 대한 가치 판단은 둘 다 다른 사람들의 관점과 밀접하게 연관돼 있다.
3. 인정이든 비난이든 가치 판단에는 감정적 반응이 수반된다.

프로이트의 정신 분석

정신 분석학파의 창시자인 빈의 심리학자 지그문트 프로이트(Sigmund Freud, 1856-1939)는 성격 발달과 신경증(장애 행동 또는 부적응 행동)의 기원에 관해 중요한 이론들을 구축했다. 그의 아동 발달 이론은 아동들에 대한 체계적 관찰에 근거한 것이 아니라, 자신이 만난 성인 신경증 내담자들의 회고담에 기초한 것이다. 뿐만 아니라 프로이트는 자신의 이론들을 정식으로 실험해 보는 테스트를 거치지 않았다. 따라서 그의 이론들은 흔히 의사(擬似)과학적 용어로 기술되었을 뿐 결코 과학으로 간주될 수 없다. 사실 정신 분석 접근에 대한 주요 비판 중 하나는 그 신뢰성을 시험하거나 치료 절차의 효능을 검증하는 것이, 가능하다 하더라도 극히 어렵다는 점이다.

그러나 프로이트의 많은 책이 서구 심리학 발전에 깊은 영향을 미쳤을 뿐 아니라 평범한 사람들이 인간 심리에 대해 갖고 있던 생각에도 지대한 영향을 준 것은 분명한 사실이다. 그의 이론은 창의적이고 혁신적이며 자존감이란 주제에 중요한 공헌을 하였다.

프로이트의 이론들은 복잡하기 때문에 여기서는 간략하게만 개괄하겠다(더 자세한 내용은 본서 말미에 소개된 참고 도서 목록을 참고하기 바란다). 다음은 자존감과 관련된 그의 개념들을 간단히 설명한 것이다. 프로이트는 인간의 정신 또는 '**프시케**'(*psyche*)를 본능(주로 성적 본능)에 지배받는 폐쇄된 에너지 체계로 보았다. 그는 성인의 성격 안에 **이드**(id), **자아**(ego), **초자아**(superego) 세 체계가 작용하고 있다고 말했다. 셋의 상호 작용은 복잡하고 늘 변한다. 그 결과 성격은 고정되거나 정적이지 않고 **역동적**이다(이런 부류의 이론들을 흔히 **정신 역동** 이론이라 한다).

이드는 쾌락 원리에 따라 작용하는 무의식 체계다. 즉 이드는 즉각적 만족이나 긴장 완화를 향해 움직인다.

생후 6개월쯤부터 발달되기 시작하는 **자아**는 의식 체계다. 자아는 이드를 지휘하고 통제하려 하며 합리적인 특성을 보인다.

4세 이후의 어느 시점부터 발달되는 **초자아**는 부분적으로 의식적이다. 초자아는 도덕적으로 용인될 만한 모범 성격을 획득하려 한다. 이것은 중요한 타인들, 특히 부모와의 동화 과정을 통해 형성된다.

프로이트는 초기 경험을 성인의 성격 형성에 절대적 관건으로 보았다. 그에 따르면 아이는 자라면서 일련의 단계를 거치는데, 각 단계는 쾌락이 가장 잘 느껴져 이드가 만족되는 신체 부위에 따라 결정된다. 초기 단계들은 외적 물체나 사람이 아닌 자기로부터 쾌락을 얻는 데 극히 집중된다.

　성인의 비정상적인 성격은 초기의 한 발달 단계에 머물러 있는 즉 **고착된** 것이거나, 혹은 심리적 외상(外傷)의 결과 초기 발달 단계로 **퇴행한** 것일 수 있다. **나르시시즘** 혹은 자아 도취적 성격 장애 개념이 그 한 예다. 프로이트는 자아 도취형 인간은 자애(self-love)에 지배당하는 소아 세계에 고착된 것이며, 그 단계의 궁극적인 성적 만족은 자위 행위라고 보았다. 이런 사람은 타인에 대한 공감이 부족하며, 타인을 이용할 수는 있으나 자신의 힘, 중요성, 총명함에 강박적으로 매달린다. 타인에 대한 시기에 빠질지언정 타인에 대한 사랑은 없다. 이런 사람은 초자아가 아예 발달되지 않았거나 어쩌다 상실됐기 때문이다. 거꾸로, 프로이트는 자존심이 비정상적으로 낮은 우울증 내담자들에 대해 묘사하기를 그런 사람들은 자아가 비어 있다고 말한다.

　아이는 각 발달 단계를 거치면서 좌절과 불안과 갈등을 경험한다. 아이는 자아 전략을 사용해 이런 난관에 대처한다. 이 전략들이 성인의 성격을 결정한다. 전략이 부적절하면 신경증이나 건강하지 못한 행동이 나타난다.

　그 중에서 한 가지 중요한 전략은 **동화**다. 이것은 외부 물체나 사람이 성격 속에 통합되는 과정을 말한다. 앞서 말했듯이 이 전략은 초자아 출현의 기저가 되며, 남성 오이디푸스 콤플렉스에 대한 반응으로 나타난다. 간단히 말해 아이는 자기 어머니를 성적으로 갈망하지만 아버지가 두렵다. 이 갈등은 아버지와의 동화를 통해 해결된다. 즉 아이는 대리적으로 어머니를 소유하면서 아버지의 보복을 피하는 것이다. 아버지의 가치관과 성격이 아이가 자라는 가운데 성격의 일부가 된다. 아이는 자신의 행동에 대한 부모의 꾸지람에 전적으로 의존하지 않고 자신과 자신의 사고에 대해 '그건 나빠'라고 스스로 말하기 시작한다.

끝으로, 프로이트가 개발한 **방어** 개념에 주목하는 것이 중요하다. 이것은 자아가 심리적 위협으로부터 성격을 보호하고 불안을 덜기 위해 사용하는 전략들이다. 한 가지 예는 억압으로서, 이는 불안을 유발하는 대상을 잠재 의식 속에 밀어넣어 대면하지 않는 것이다. 이런 전략들은 정신 건강을 유지해 줄 수도 있지만 원만한 인격 성장을 가로막는 원인으로도 자주 지적된다. 나르시시즘 자체에 대해서도 일부 정신 분석 저자들은 이를 낮은 자존감에 대한 방어 기제로 보아 왔다. 혼란의 소지가 큰 이 부분에 대해서는 후에 좀더 상세히 살펴볼 것이다.

프로이트는 인간이 자기를 평가한다는 사실을 인정했다. 초자아의 한 가지 역할은 '아는 자아'가 되는 것이다. 그는 또 이 평가 체계의 형성에서 타인의 견해를 내 것으로 받아들이거나 내면화시키는 과정을 강조했다. 프로이트는 비정상적인 자존감이 일부 정신 건강 문제나 부적절한 성격 기능의 원인일 수 있다는 개념을 내놓았으며, 특정한 정신적 전략을 통해 성격을 보호하거나 현상 유지가 이루어진다는 개념도 소개했다.

프로이트 이후의 자아심리학과 인지심리학

프로이트 이후의 학자들은 그의 많은 개념들을 더 발전시키기도 했지만 그의 학설의 강조점을 상당히 바꿔 놓기도 했다. 프로이트의 초창기 동료였던 알프레드 아들러(Alfred Adler, 1870-1937)는 결국 모든 행동을 성충동 중심으로 설명하는 것을 거부했다. 그는 인간 행동의 목표 지향성과 적극적인 성취욕에 더 강조점을 두었다. 이런 노력의 병적 표현은 **열등감**(inferiority complex)으로 나타날 수 있다. 이제는 일상 용어가 되어 버린 이 말은 만성적인 낮은 자존감 개념과 일맥상통한다.

프로이트 이후 심리학의 주요한 진척 중 하나는 프로이트가 부인했던 자아의 수행 능력(executive function)을 인정하여 더 이상 자아를 본능의 노예로 보지 않은 것이다. 다시 말해, 의식적 자아가 무의식적 본능에 지배당한다고 보기보다는 오히려 주도적 방식으로 기능할 수 있다고 본 것이다. 인간은 자신의 삶을 좀더 적극적으로 통제하는 존재로 이해됐다. 이 심리학은 아득한 유년기나 신경증의 잠재의식적 기원을 고찰하던 데서 벗어나 성인의 행동이 자아의 통제를 받는데도 어떻게 지금 여기서 신경증이 유지되고 있는가를 살피는 쪽으로 옮겨갔다.

자아를 존중하고 행동에 책임지는 일의 중요성이 강조된다. 그래서 카렌 호니(Karen Horney, 1885-1952) 같은 심리 치료사들의 목표는 대인 관계의 질을 높이고자 내담자가 자아를 보는 방식을 바꿔 주는 데 있다. "자기를 있는 그대로 받아들일 수 없다면 [내담자는] 자기 단점까지 모두 아는 타인들이 자기를 호의나 감사의 마음으로 받아들일 수 있다고 도저히 믿지 못한다."

이러한 '자아심리학적' 접근은 그 발달의 일면을 앨버트 밴듀라(Albert Bandura, 1925-), 앨버트 앨리스(Albert Ellis, 1913-), 애런 벡(Aaron Beck, 1921-) 같은 인지행동 치료자들의 연구에서 찾을 수 있다. 이들 접근의 특성은 그들이 행동의 가장 적응력 있거나 건강한 기초로서 합리성을 중시하며, 감정과 정서보다는 **사고**(그리고 정도는 덜하지만 행동)를 우선시한다는 것이다. 밴듀라는 **자기 효능감**―자아에 환경 통제력이 있다는 믿음―을 좋은 정신 건강의 중대

요소로 꼽는다. 그의 이론에 따르면 많은 정신 건강 문제는 사람들이 자신을 환경적 사건과 압력의 수동적 피해자로 보는 데서 비롯된다.

벡은 현대 실험심리학의 연구 결과를 활용해 성격에 접근한다. 심리학자들이 동의하는 대로 우리 주변 세계에는 잠재 정보가 너무 많아 우리 사고로 거기에 모종의 구조를 부여하지 않는 한, 모든 체험은 새롭기만 하고 관리가 불가능하다. 그 구조는 우리의 체험에 의미를 부여하고 우리의 제한된 정신 역량을 효율적으로 활용한다(예를 들어, 늘 다니던 출근길을 운전하는 일은 별로 힘들지 않다. 기존의 정신적 기대와 맞아떨어지기 때문이다. 우리는 거기에 온통 집중할 필요 없이 하루 일과 등 다른 일을 자유로이 생각할 수 있다. 그러나 도로 공사 때문에 우회해야 할 경우에는 그 상황에 생각을 집중해야 한다).

우리는 세상의 존재 방식에 관해 일련의 선입견을 가지고 각각의 새로운 경험에 임한다. 그래서 그 경험의 의미도 파악하고 거기

그림 1-1. 피터-폴의 잔

에 효과적으로 반응할 수도 있다. 이런 선입견은 유년기에 발달되며 경험을 기초로 하지만 어느 정도는 경험을 억제하기도 한다. 시각적 지각 영역에서 착시 현상이 좋은 예다. 그 중 한 예로 '피터-폴의 잔'이라고 알려진 그림을 들 수 있다(그림 1-1).

이것은 처음에는 대개 잔으로 보인다. 그러나 그림을 한참 보노라면 두 사람의 옆 얼굴이 나타나기 시작한다. 두 지각은 교대로 왔다갔다 한다. 이렇듯 사고는 자극 그림의 의미에 대해 두 경쟁 가설을 보유하지만 동시에 둘 다 붙들고 있을 수는 없다.

이렇게 인간은 선입견을 가지고 모든 사건에 임하며, 그 선입견이 사건의 실제 경험에 영향을 미친다. 벡은 성격을 세상에 대한 가정(假定)들의 복잡한 집합으로 보았다. 그 집합을 스키마(schema)라 한다. 스키마는 핵심적인 절대 신념이 될 수 있다. 그것이 정신적 지도(地圖)로 작용하며 사건의 해석 방식을 정해 준다. 스키마 중에는 거리낌없이 표현되는 명시적인 것도 있다. "모든 인간은 똑같다. 다들 한 가지만 원한다!"가 그런 경우다. 그러나 신중한 탐색을 통해서만 인식될 수 있는 스키마도 많다.

이런 정신적 지도의 중요한 한 예가 **'자기 스키마'**(self-schema)다. 이것은 본인의 행동에 대한 감시, 자신의 감정, 남들의 판단, 가족이나 기타 사회 단체에 대한 소속감을 통해 얻어진다. 유년기에 일단 '자기 스키마'가 출현하기 시작하면 사건들은 그것을 영속적인 정신 구조로 굳히는 쪽으로 해석된다. 일련의 평가를 통해 **자기 평가**가 이루어지되 꿈과 가치관이 관련된 여타 스키마들과 맞물려 조율된다. 벡은 이 자기 평가 내용에 인격적 가치, 매력, 재능, 꿈을 성취할 수 있는 능력 등에 대한 판단이 포함된다고 보았다.

자기 평가는 **배후 가정**과 **자동적 사고**에 반영된다. 배후 가정이란

"…라면 …이다"라는 조건적 신념이며—예컨대 "내가 사람들을 믿는다면 그들은 나를 거부할 것이다"—인간의 일상 생활을 지배하는 실용적 개인 규범이다. 자동적 사고란 스트레스 때 발생하는 습관적 생각으로 무의식적인 경우가 많다. "나는 또 바보처럼 보일 것이다"가 그 예다.

벡의 자기 평가 이론은 여러모로 프로이트의 이론과 비슷하다. 특히 둘 다 자아관 형성에서 중요한 타인들의 의견을 '내면화하는' 과정을 인정한다. 프로이트는 당시의 수력학(水力學) 모델 언어로 설명한 반면, 벡은 정보 체계 언어를 사용한다. 프로이트는 감정을 주로 다룬 반면, 벡은 사고를 다룬다. 벡과 기타 인지심리학자들의 논리는 일면 한계도 있으나 자아 개념이 생성되고 유지되는 방식에 대해 시험 가능한 가설을 제공한다. 그런 이유로 이들의 설명은 프로이트의 것보다 높은 과학적 지위를 점할 자격이 있다.

내담자 중심 심리 치료

자아심리학에서 더 일찍 발달한 것은 칼 로저스(Carl Rogers, 1902-1987)의 내담자 중심의 인본주의적 접근이다. 이것은 중요한 점들에서 인지심리학과 다르다. 로저스는 자기 수용을 건강한 성격 기능의 중요 요소로 보았는데, 이는 타인들의 가치관을 버리고 자아를 경험하여, 이면에 있는 자아가 가치 있을 뿐 아니라 호감을 가질 만한 것이기도 하다고 깨닫는 것을 의미한다. 이 이론에는 로저스의 인본주의가 잘 반영되어 있다. 인간이라는 이유만으로도 가치를 지니기에 충분하며, 모든 개인은 이기적 행동을 유발하는 외적 압력과 정신적 갈등만 제거되면 기본적으로 선하다는 시각이다. 이것은 인간 본성의 좀더 어두운 측면에 대한 프로이트의 비관적 입장과 첨예한 대조를 이룬다.

　로저스는 타인들의 가치관을 통해 그리고 개인의 습관적 행동을 통해 경험되는 피상적 자아 또는 거짓 자아가 있다고 보았다. (하나의 방어 기제로 볼 수 있는) 이 가면 밑에 실제 자아, 참 자아, 깊은 자아가 있다. 참 자아는 원초적 감정에 마음을 열 때만 경험할 수 있으며, 판단을 거치지 않고서도 수용할 수 있다. 로저스는 덴마크의 실존주의 철학자 쇠렌 키에르케고르(1813-1855)의 저술에 영향 받은 것이 틀림없다. 키에르케고르는 **자기 이해**의 과정을 발전적이고 유동적인 것으로 보았다. 참 자아는 '되어 가는' 것 또는 '잠재적인' 것으로 이해된다. 로저스와 키에르케고르는 둘 다 자기 이해와 자기 수용을 지지하지만, 자기 몰두와 자기 집착은 비판한다. 이렇게 로저스는 알아야 할 자아가 둘이라는, 또는 자아를 경험하는 방식이 둘이라는 개념을 내놓았다. 하나는 다분히 외면적 요소에 기초한 것이고 다른 하나는 내면 생활에 기초한 것이다. 이 개념은 부분적으로 칼 융의 덕을 입은 것이다(다음 장 참조).

　에이브러햄 매슬로(Abraham Maslow, 1908-1970)는 **자아 실현**을 건강한 성격 기능의 기초라고 주장한다. 여러모로 그의 입장은 로저스와 비슷하다. 매슬로는 인간 필요의 위계를 가설화해 대중 심리학에 독특하고 아주 영향력 있는 기여를 하였다. 매슬로의 주장에 따르면 인간의 낮은 단계의 필요는 의식주 등 생존에 기초가 되는 것들이다. 그 다음으로 소속감, 우정, **자존감** 등 심리적 필요가 나온다. 가장 높은 단계의 필요는 인격적 만족, 가치관, 미(美) 등 정신적인 것으로 묘사된다. 낮은 단계의 필요가 채워지지 않는 한 그보다 높은 단계의 필요는 채워질 수 없다.

　'필요'라는 말에는 뭔가 부정적인 의미가 함축되어 있기는 하지만(필요를 채우기 위해 어떤 대상이나 사물을 수동적으로 기다린다는 개념, 혹은 필요가 반드시 채워져야만 한다는 자기 중심적 요구의 개념 등), 그래도 이 모델이 온전한 자존감을 모든 고차원적 인간 활동에 필수적인 것으로 보는 것만은 분명하다. 자존감을 더 나은 목표의 수단으로 본 것이다.

지금까지의 간략한 개괄을 통해 자존감의 개념(늘 그 명칭으로 불린 것은 아닐지라도)이 지난 100년 간 많은 심리학과 심리 치료 진영의 관건이 되어 왔음이 분명해졌을 것이다. 그것은 다양한 모양으로 나타나며 저마다 주창자의 철학적, 심리학적 성향에 따라 상당 부분이 결정된다. 자존감 개념이 편만하다는 점이야말로 가장 흥미로운 특징 중 하나다. 그 자체가 정말 보편적 정신 현상의 존재를 의미한다고— 앞에 소개된 각 이론에 따라 약간씩 표현만 다르게 됐을 뿐— 결론짓고 싶은 유혹이 들 정도다.

역사적·문화적 정황에서 본 자존감

그러나 주의할 점이 있다. (자기 평가 과정의 첫 단계들인) 자기 인식과 자기 발견에 대한 집착은 다분히 가까운 과거와 현재의 현상이다. 중세 시대(약 700-1450년)만 해도, 인격적 세계의 경험과 표현이 부재하지는 않았다고 해도 지금과는 판이했음을 알아야 한다.

개인의 의식 발달에 대한 연구인 「정체성: 문화 변화와 자아 추구」(*Identity: Cultural Change and the Struggle for Self*)에서 로이 바우마이스터(Roy F. Baumeister)는 16세기 초에 나타난 주요 사회 흐름을 몇 가지 지적한다. 각 흐름마다 개인의 정체성과 독특성에 대한 새로운 인식이 반영되어 있다. 이런 발달을 통해 우리는 서구 사회에 새로 출현한 자아 이해의 총체적 그림을 볼 수 있다. 여기서는 그 중 세 가지 발달을 살펴보며, 현대의 '자존감' 개념에 깔린 서구 사고의 변천과 특히 수많은 서구인들이 이 주제에 부여하는 중요성을 짚어 보려 한다.

첫째, **숨은 자아** 또는 **내적 자아**에 대한 새로운 개념이 등장한다. 이것은 대개 외적 행동과 내적 동기 사이에 보이는 불일치를 중심으로 한 것이다. 자아란 반드시 외적 행동에 충실히 반영되는 것이 아니라 내면의 숨은 실체라는 개념이 발달하기 시작했으며, 사람들이 자신의 참 자아를 외적 행동을 통해 드러내지 않기로 선택할 수도 있다는 인식이 확산됐다. 특히 **위선**이라는 개념에 대한 새로운 관심에서 그것을 볼 수 있다. 문화적으로 이것은, 겉으로 보이는 개인의 행동이 반드시 참 자아의 확실한 지표만은 아니라는 사실을 사람들이 깨달았다는 뜻이다. '참 자아'는 외부 관찰자로서는 다 알 수 없는 비밀에 가까운 내면의 실체로 이해되기 시작했다.

여러모로 이 개념은 성경에서 사람의 외양과 내면의 실체를 구별한 것의 재발견이라 할 수 있다. 위선자들을 '회칠한 무덤'(마 23:27-28)이라 비난하신 예수님에게서 그것이 분명하게 나타난다. 중세 시대에는 내적 자아와 외적 자아의 구분이 무시됐던 것으로 보인다. 그러나 르네상스와 종교개혁 때 그것이 재발견되었고, 자존감을 이해하게 되면서 신약 성경은 구구절절 그 의미가 살아나게 되었다.

둘째, **개성**이라는 개념에 대한 사람들의 관심이 높아졌다. 문화사가들에 따르면 16세기는 "사람들이 개인이 된" 시기다. 개인의 독특한 특성과 정체성이 새로운 강조점으로 부상했다. 이런 발전은 자서전 집필이 폭발적으로 증가하는 현상과 맞물려 있다. 자서전이라는 문학 장르는 개인의 삶에서 남다른 특성 즉 남들이 꼭 공유하지 않을 수도 있는 특성에 대한 관심과 인식이 높아졌음을 보여 준다. 개성의 구가는 모든 인간에게 자기만의 독특한 '자아'가 있으며 그것은 정확히 독특성을 근거로 존중돼야 한다는 신념의 확산으로 이어졌다. 자아에 대한 이런 새로운 인식과 어우러져 1549년에는 영어에 **자찬**(self-praise)이라는 용어가 처음 등장했다. 이것은 후에 자존감 문제와 관련해 중대한 발전으로 평가받게 된다.

셋째, **프라이버시**에 점점 높은 가치가 부여됐다. 중세 시대에는 프라이버시가 중요하게 여겨지지 않았다. 프라이버시가 허용된다 해도 최소한에 머물렀으며, 이는 주택 설계에도 드러난 사실이다. 방이라는 것은 개별 기능이나 특수 기능(취침, 식사 등)을 위해 마련된 것이 아니라 공적 공간으로 간주됐다. 저택에 회랑이 많이 사용된 것은 18세기 초부터 나타난 현상이다. 프라이버시 욕구가 높아지면서 각 손님이나 가족에게 독방을 내주게 된 것이다. 앞의 책에서 로이 바우마이스터는 이런 변화의 의미를 이렇게 설명한다.

> 프라이버시는 개념상 개성과 연관이 있으며, 숨은 자아를 상징한다. 프라이버시와 개성은 둘 다 내적 자아를 좀더 넓은 사회 조직과 분리함으로써 내적 자아를 강조하고 강화한다. 삶의 공적 영역과 사적 영역의 분리는…자아를 사회와 갈등 관계로 보는 시각에 기초를 놓았다(p. 24).

개인의 정체성―흔히 '자아'(the self)라는 용어로 명시되는 개념―에 대한 이러한 새로운 관심과 인식의 결과는 다른 변화를 통해서도 강화됐다. 예컨대 개인의 운명에 대한 관심이 증대하여 그 반영으로 죽음에 대한 새로운 태도가 생겨났다. 중세 시대만 해도 죽음은 그저 기정 사실로 취급된 경향이 있었지만 그 이후에는 개인 실존에 가져다 주는 죽음의 위협이 인식되면서 관심이 점점 높아졌다.

그럼에도 불구하고 개성에 대한 이런 새로운 인식이 모든 사회 계층에 보편적인 현상은 아니었다. 문학이나 문화로 미루어 지식층에서 개인의 정체감이 아주 발달한 사회라 하더라도 그 사회의 모든 부문이 동등한 수준의 자기 인식을 갖는다는 보장은 없다. 내적 성찰은 일종의 사치로서, 20세기 이전의 농민들과 산업 노동자들에게는 반드시 누릴 수 있는 것이 되지 못하였다. 그들의 일상 생활은 제한된 물리적 위치와 한정된 대인 관계의 정황에서 다분히 다음 끼니를 채우고 살아야 하는 고달픈 생존의 몸부림이었다.

좀더 최근에 들어서, 각종 기관(감옥, 노동 수용소, 정신 병원 등)의 탈인격화 성향이 나타났다. 어빙 고프먼(Irving Goffman)은 그런 상황에서 개인의 정체감과 자기 인식이 어떻게 상실되거나 혹은 완전히 발달에 실패하게 되는지 「수용소」(*Asylums*, 1968)라는 책을 통해 보여 주었다.

자아 개념이란 어떤 유리한 조건하에서만 생성될 수 있는 듯 보인다. 자신을 관찰할 수 있는 시간 그리고 그렇게 할 수 있는 웬만큼 풍족하고 다채로운 환경을 예로 들 수 있다(매슬로의 분석은 이 점을 환기시켰다는 점에서 유익하다). 그러나 일부 현대 문화에서는 설령 이런 조건이 갖춰졌다 해도 개인의 자기 인식 정도가 제한되거나 제대로 표현되지 않을 소지가 높아 보인다. 가정이나 부족에 대한 강한 동화가 규범으로 통하는 곳, 또는 인간 개인과 동식물 환경과의 경계가 '선진' 세계의 산업국들보다 더 모호한 곳(정령 숭배처럼)에서 그럴 가능성이 높다.

이것은 자아 특히 자존감과 관련된 모든 개념의 문화적 상대주의를 잘 보여 준다. 북미 문화에서 자존감의 고양이 특별한 관심사라는 것은 더없이 분명한 사실이다. 전통적으로 좀더 수줍고 절제된 영국 문화에서는 그것이 비교적 덜 중요한 문제이며 오히려 자기를 낮추는 것이 문명화된 행동의 표상으로 간주된다. 가장 먼 극단에는, 굴욕 차원에 해당하는 자기 비하가 예의범절의 지표로 칭송되는 전통적인 중국 문화가 있다. 많은 심리적 개념이 그렇듯, 자존감도 마치 혈압이나 근력처럼 인간 본성에서 보편적이고 획일화된 측면이라고 생각해서는 안 된다.

그러나 놀랍게도 많은 저자들과 개업 심리 치료사들이 자존감을 바로 그렇게 취급한다. 그들은 개인들에 대해 대충 "자존감이 부족하다"라거나 "자존감이 손상됐다"고 말한다(마치 혈압 수치를 정확히 읽기라도 하는 것처럼 말이다). 자존감을 이렇게 단순 논리식으로 이해할 근거는 전무하다. 사실 그것은 심한 혼란을 낳는다.

심리학적 모델들

어느 연구 분야를 막론하고 모델 구축은 관찰된 현상에 대한 이해를 돕는다. 벡 같은 인지심리학자들의 주장처럼 지성은 경험을 재료로 그런 모델을 구축하는 타고난 성향을 갖고 있다. 모델은 이해를 도와주는데, 첫째로 그냥 두면 산만하고 혼란스러울 데이터 집합을 정리해 줌으로써, 둘째로 새로운 경험을 이미 익숙한 경험과 이어 줌으로써 그렇게 한다. 프로이트가 열역학 법칙을 정신 현상 연구에 적용한 것은 모델의 두 번째 용도를 보여 주는 좋은 예다. 예수님이 농경 세계를 예로 들어 하나님 나라의 특성을 보여 주신 것도 또 다른 예다.

모델의 가치는 그것이 복잡한 현상을 이해하기 쉽게 만들어 주는 정도에 달려 있으며, 특히 과학의 경우 그것이 시험 가능한 새로운 창의적 가설을 만들어 내는 정도에 달려 있다. 모델을 평가할 때 던져야 할 바른 질문은 "실체와 얼마나 비슷한가?" 하는 것이 아니라 "얼마나 유익한가?"다. 모델이란 사진이라기보다는 도구로 보아야 한다. 예수님과 니고데모의 대화(요 3:1-21)를 보면 그분이 그 차이를 잘 알고 계셨음이 분명하다.

> 예수께서 대답하여 가라사대 "진실로 진실로 네게 이르노니 사람이 거듭나지 아니하면 하나님 나라를 볼 수 없느니라."
>
> 니고데모가 가로되 "사람이 늙으면 어떻게 날 수 있삽나이까? 두 번째 모태에 들어갔다가 날 수 있삽나이까?"…
>
> 예수께서 가라사대 "너는 이스라엘의 선생으로서 이러한 일을 알지 못하느냐? 진실로 진실로 네게 이르노니 우리 아는 것을 말하고 본 것을 증거하노라.…내가 땅의 일을 말하여도 너희가 믿지 아니하거든 하물며 하늘 일을 말하면 어떻게 믿겠느냐?"(3-4, 10-12절)

'거듭남'의 필요성을 말씀하시고자 예수님은 출생 이미지를 도구로, 즉 묵상의 자극제로 사용하셨다. 하나님 나라에 들어가기 위해 필요한 갱생과 중생의 과정을 정확히 문자적으로 묘사하시지는 않았다.

이 장 앞 부분에 제시된 심리학 이론들을 이런 관점에 비추어 본다면 우리는 첫째, 그 모두가 정교하고 복잡한 모델들에 대한 설명임을 알 수 있다. 즉 그것들은 실체를 문자적으로 대변하는 것이 아니다. 자존감은 **구성 개념**(construct) 즉 그 정신적 모델들의 한 구성 요소로 존재한다.

둘째, 그 모델들 다수가 틀림없이 유익하지만(정신 현상의 이해를 돕는다는 점에서) **과학적**이라 할 만한 것은 별로 없다. 일부 인지행동 치료자들의 책을 제외한 나머지 이론들은 엄격한 테스트를 받을 수 있는 방식으로 서술되지 않았다. 이론에 근거한 **치료법**의 효능에 대해서는 실험적 연구가 일부 있었지만 그것이 이론 자체의 타당성 평가와 같은 것은 아니다.

우리는 일부 심리학 이론의 한계를 늘 염두에 두어야 한다. 흔히 대중 서적들은 "심리학에서 밝혀진 바로는…"과 같은 말로 확정적으로 기술하는 경향이 있다. 사실 "이에 대한 심리학적 견해는…"이 더 적확한 말이 될 것이다. 그러나 실험에 의한 테스트로 확증되지 않은 심리학적 견해는 비과학적이다. 따라서 그 위상은 종교적 견해의 위상과 다를 바 없다. 그것을 마치 위상이 다르거나 한 수 위인 듯 취급하는 것은 매우 부적절한 처사다.

그렇다고 자존감이 가짜라거나 터무니없는 개념이라는 말이 아니다. 오히려 자존감의 위상을 분명히 밝혀 과대 평가되지 않게 하려는 것이다. 요컨대 자존감은 **잠정적이고 근접한 특성에 대한 가설적 구성 개념**이다. 자존감에 대한 일부 실험적 연구가 있었음에도 불구하고 자존감이 한 부분을 형성하는 모델들은 전체적으로 비과학적이다. 자존감은 문화적 상대성을 띠지만, 현대 서구 심리학에 잘 다뤄져 있다고 볼 수 있다. 그것은 액면가가 쏠쏠한 매력 있는 개념이다.

자존감의 정의

이제 이 장의 논의를 종합하여 본서 전체에 사용될 자존감이라는 가설적 구성 개념에 대한 정의를 내려야 할 때다.

그러기 전에 생각해야 할 질문이 두 가지 있다. 첫째, 자존감은 전인을 지칭하는 포괄적 개념인가 아니면 삶의 각 영역별로 일련의 자아관들이 따로 있는 것인가? 만일 후자라면 자아관은 몇 가지나 되는가? 이 구성 개념이 특성상 포괄적이라는 견해를 지지하는 증거가 꽤 있다. 사람들로 하여금 단일한 포괄적 판단으로 자신의 자존감에 등급을 매기게 한 설문 결과는 삶의 갖가지 다른 영역을 들여다보는 좀더 세부적이고 광범위한 설문 결과와 좋은 상관 관계를 보인다.

둘째, 자존감의 정서적 측면과 인지적 측면을 상대적으로 얼마만큼씩 강조해야 하는가? 자존감은 일차적으로 감정인가 판단인가? 이 질문의 답은, 이 구성 개념이 두 측면을 통합해야 하되, 인지적 측면에 우선 순위를 둘 수 있다는 것이다. 평가가 감정을 선행한다.

그러므로 우리가 내리는 자존감의 정의는 다음과 같다.

자존감이란 인격적 용인 가능성과 사랑받을 가치에 대한 포괄적 평가 또는 판단으로 구성되며, 거기에는 유쾌하거나 불쾌한 감정이 수반된다. 자존감은 삶 속에서 중요한 타인들에 의해 지각된 본인에 대한 시각과 깊은 관계가 있다.

자존감과 기타 유사 용어들의 관계도 밝혀 둘 필요가 있다. 이 주제의 글에서 사용되는 다른 용어들과 자존감의 관계를 본 장에 제시된 자료를 바탕으로 요약하면 다음과 같다.

- **자존심**과 **자기 가치**는 본질적으로 **자존감**과 같은 뜻이다.
- **자기 스키마, 자기 인식, 자기 이해, 자기 평가, 자기 개념**은 자존감의 기초가 되는 비(非)평가적 과정을 가리킨다.
- **자기 의존**과 **자기 효능감**은 능력과 관계된 자존감의 한 구성 요소이다.
- **자기 실현**과 **자기 수용**은 고차원의 가설적 과정을 가리키는 말로, 긍정적 자존감이 그 필요 조건은 되지만 충분 조건은 되지 않는다.

자존감의 개념을 살펴봤으니 이제 다음 작업은 자존감이 유지되는 방식, 유년기에 가능한 기원에 대한 세부 사항, 정신 건강에서 자존감의 역할 등에 대해 알려진 사실을 검토하는 것이다.

2. 자존감의 기초

앞 장에서는 성격 전체에 대한 다양한 이론의 정황 속에서 자존감에 대한 묘사와 정의를 알아보았다. 이 장에서는 자존감의 내용과 자존감(긍정적이든 부정적이든)이 유지되는 방식에 대해 좀더 자세히 살펴볼 것이다. 즉 우리는 "자존감이란 무엇인가?"라는 질문에서 "자존감의 기초는 무엇인가?"라는 질문으로 넘어왔다. 이 질문의 답을 모색하면서 우리는 최대한 실험 연구 결과와 연관지어 설명할 것이다.

1960년대 이후 자존감에 대해 몇몇 실험 연구가 수행됐다. 이 연구들은 설문지를 사용해 자존감 개념의 측정을 시도했다. 대개 설문지는 **자부심**, **가치**, **선** 또는 **미덕**, **건강**, **외모**, **기술**, **성**, **사회적 능력**, **힘** 등 핵심 영역에 관한 문항들로 구성됐다.

자존감에 대한 판단은 네 가지 주요 영역에서 도출되는 것으로 보인다. 바로 **혈통**, **역할 수행**, **타인의 사랑**, **영원한 의미**다. 이들은 서로 완전히 독립적인 관계가 아니다. 사실 '힘'과 같은 자존감의 일부 원천은 여러 영역에 걸쳐 있다고 볼 수 있다.

자존감과 역할

처음 두 영역인 혈통과 수행은 둘 다 역할의 개념과 밀접하게 연관되어 있다. 아주 간단히 말해 역할이란, 사회 체제 안에서 한 사람에 의해 수행되는 부분을 말한다. 체제의 규모는 두 사람에서 국가 전체까지 다양할 수 있다. 셰익스피어가 이 개념을 간명하게 표현했다.

> 온 세상은 하나의 무대요
> 모든 남녀는 배우일 뿐이다.
> 그들은 퇴장과 등장을 하며
> 한 사람이 평생 많은 역을 연기한다.
> —「당신 좋으실 대로」(As You Like It, 2막 7장).

단순해 보이는 개념이지만 인간 행동의 이해에 대단히 중요한 것이다.

모든 개인은 부모, 자녀, 학생, 전문인, 노련한 아마추어, 환자, 연인, 친구, 배우자 등 일련의 역할을 맡을 수 있다. 각 개인은 날마다 여러 역할을 넘나든다. 어떤 사회학자들은 순전히 맡은 역할만을 기준으로 개인을 정의할 수 있다고 주장하기도 하고, 일각에서는 극도의 장애나 특정 기관에서의 감금으로 인해 이런 사회 기능을 박탈당한 자들을 가리켜 '사회적 죽음'이란 용어를 쓰기도 한다. 일례로 나치 수용소는 유태인을 비롯해 히틀러 정권의 적으로 간주된 자들의 육체적·인격적 말살을 꾀했다. 육체적 말살은 가스실로 실현됐고, 인격적 말살은 모든 인격적 특질과 행동을 제거함으로 성취됐다. 따라서 수용소 재소자들은 이름이 아닌 숫자로 불리고,

인격적 정체감과 목표 의식을 줄 만한 정상적인 사회 역할을 행사하는 것이 금지됐다.

역할의 본질적 측면은 사회성이다. 개인의 사적인 계획과 목표는 역할을 맡을 때 공적으로 표현된다. 역할은 행동에 의미를 준다. 영국의 사회학자 조지 브라운(George Brown)은, 인간이란 자기가 역할을 성공리에 수행한다고 지각할 때 내면의 심리적 세계와 외면의 사회적 세계가 만난다고 주장했다. 인간은 자신을 역할의 관점에서 볼 뿐 아니라 그 역할 수행을 가능하게 해줄 타인들을 필요로 한다. 조연이 필요한 것이다. 따라서 인간은 타인을 상대의 역할의 관점에서 보기도 하지만 자신의 소중한 역할 수행과 관련시켜 보기도 한다. 예컨대 여자는 자기 남편을 '배우자, 연인, 자녀의 아빠'로 볼 뿐 아니라 자신이 '아내'가 되는 것을 가능하게 해주는 사람으로 보기도 한다. 사별의 고통에는 사랑하는 이의 상실에 병행되는 역할 상실도 빼놓을 수 없다. 이 경우 '아내'에서 '과부'로 그 위치가 바뀌는 것이다.

자존감과 혈통

혈통이란, 개인의 역할 중 "나는 누구이며 어디서 왔는가?"의 측면이라 할 수 있다. 소속감을 정립하는 데 혈통의 중요성은 뿌리를 찾으려는 새로운 공동체들의 노력에서 잘 볼 수 있다. 미국 역사에서 그 점이 특히 잘 나타난다. 좀더 크고 정형화되지 않은 문화에 포섭될 것 같은 위협에 직면하면 민족 집단들은 상황이 그런 식으로 전개되는 것을 거부하는 쪽을 택한다. 어떻게? 자기들만의 독특성을 내세우는 것이다. 아일랜드계 미국인들은 자신들의 문화 정체성을 보존하려는 일념으로 아일랜드의 뿌리를 기념하는데, 정작 본국 국민들에게 늘 신기하게 느껴질 만큼 그 헌신과 열기가 뜨겁다. 최근 많은 미국 대통령들은 아일랜드와의 연결 고리—아무리 멀더라도—를 찾는 것이 선거에 중요하다는 사실을 깨달았다. 더블린보다 뉴욕에서 성 패트릭 데이(아일랜드의 대표적 명절—역주)를 훨씬 더 열성적으로 지킨다. 왜 그럴까? 자칫 독특성을 잃기 쉬운 집단의 정체성을 그것이 지켜 주기 때문이다. 미국 유태인 사회도 마찬가지다. 그들은 정체감과 지속적 목표 의식의 초점을 유월절 행사에서 찾는다.

1970년대에 알렉스 헤일리(Alex Haley)의 소설 「뿌리」(Roots)는 그런 과거에의 귀속감에 깊은 정서적 공감을 불러일으켰다. 미국 흑인 문화가 보여 주는 아프리카 뿌리의 재발견에 대한 새로운 관심도 문화적 뿌리의 중요성이라는 일반 원리에 대한 또 하나의 예다. 영국의 카리브 해 흑인 이민자들 사이에 라스타파리안교(Rastafarianism, 카리브해 흑인들이 아프리카 황제의 후손임을 내세우는 종교)가 발흥하는 것도 같은 이치다.

과거의 뿌리를 되살리는 일은 현재의 개성을 보존하는 데 도움이 된다. 내 출신은 내 존재에 관해 많은 것을 말해 준다. 작금의 족보에 대한 관심은 자신의 조상을 추적하려는 관심을 보여 준다. 개인적 차원에서, 입양이나 재난(전쟁 등)을 통해 혈육과 분리된 아이들은 기회가 되는 대로 잃은 가족을 찾으려 애쓰는 것이 보통이다.

혈통을 아는 것은 "나는 누구인가?"라는 질문에 대한 부분적인 답이 될 뿐 아니라 자존감을 높이는 방편도 될 수 있다. 전통적으로 구약 기자들은 혈통으로 특정 인물의 신원을 확인했다. 마태복음(1:1-17)과 누가복음(3:23-38) 서두에 나오는 족보는 예수님이 참 유태인이요 아담의 자손임을 보여 준다. 그러나 혈통을 자존감의 근거로 사용한 가장 두드러진 성경의 예는 바울의 빌립보서에서 찾을 수 있다. "만일 누구든지 다른 이가 육체를 신뢰할 것이 있는 줄로 생각하면 나는 더욱 그러하리니 내가 팔 일 만에 할례를 받고 이스라엘의 족속이요 베냐민의 지파요 히브리인 중의 히브리인이요" (3:4-5).

세속 사회에서도 혈통은 마찬가지로 아주 중요하다. 영국인들의 이름 앞에 오는 선대로부터 물려받은 칭호는 그 사람에 대해 많은 것을 말해 주며, 남들로부터 확실히 경의를 받을 수가 있다. 미국에도 오랜 전통의 가문들이 있다. 케네디 같은 이름들로 지금도 건재한 종친회 조직이나 '조상 전래의 재산'(old money)이라는 개념의 중요성에서 그것을 볼 수 있다. 우리가 서로를 보는 시각은 부모와 조상들의 정체에 대한 지식으로부터 깊은 영향을 받는다.

가장 확실한 예를 어린이들의 대화에서 찾을 수 있을 것이다. 그들은 "우리 아빠가 너희 아빠보다 크다"든지 "우리 아빠가 너희 아빠보다 중요하다"고 으스댈 수 있다. 프로이트 계통 심리학자라면 이런 대화를 아버지와의 동화에 대한 증거로 해석할지 모른다. 그러나 꼭 그런 복잡한 해석이 아니더라도 우리는 자존감을 높이는 데 부모의 지위가 동원될 수 있다고 결론지을 수 있다.

사회에 따라 혈통이 개인의 가치를 결정짓는 가장 중대한 요인이 되는 경우도 있다. 그것은 나치 독일이나 남아공 인종차별 정권의 경우처럼 대개 인종의 순수성을 유지하려는 이유일 때가 많다. 그런 사회에서는 혈연에 근거한 사회적 권리가 법으로 보장된다.

자존감과 역할 수행

역할 수행이란 개인의 역할 중 "나는 무엇을 하는가?"의 측면이라 할 수 있다. 이 분야는 실험심리학과 사회학에서 광범위하게 연구되어 왔다. 이것은 능력과 성취에 관한 것이며, 소유나 부에 반영될 수도 있다. 성취와 관련된 전형적인 자기 표출은 **이력서**다. 그러나 가치 있는 성취가 모두 유급 고용 상태에서 일어나는 것은 아니다. 예컨대 전업 주부나 어머니도 유사한 인생 성취 목록을 작성하는 것이 가능하다.

안면 기형으로 고통받는 아동들을 상대로 한 연구에서 분명히 드러난 것처럼, 그 아이들의 건강한 사회·정서적 적응의 가장 중요한 예측 변수는 한 가지라도 가치 있는 기술이나 능력을 보유하는 것이다. 예컨대 자신이 팀 스포츠를 잘한다고 보는 아이의 경우, 기형으로 인한 정서적 상처가 완화되는 것으로 나타났다. 또래 집단 내에서도 동일한 효과가 나타나는데, 특별한 기술을 갖춘 아이일수록 동료들에게 더 잘 받아들여진다.

자존감 증대에 능력과 기술과 행동이 중요하다는 예는 성경에도 많이 나온다. "하나님이여, 나는 다른 사람들 곧 토색, 불의, 간음을 하는 자들과 같지 아니하고 이 세리와도 같지 아니함을 감사하나이다. 나는 이레에 두 번씩 금식하고 또 소득의 십일조를 드리나이다" (눅 18:11-12). "주여, 주여, 우리가 주의 이름으로 선지자 노릇하며 주의 이름으로 귀신을 쫓아내며 주의 이름으로 많은 권능을 행치 아니하였나이까?" (마 7:22) 사도 바울은 회심 전 자신의 유태인 이력을 돌아보며 그 입장에서의 성취에 대해 이렇게 말한다. "열심으로는 교회를 핍박하고 율법의 의로는 흠이 없는 자로라" (빌 3:6).

충분한 역할 가정(role assumption)과 실제 행동상의 성취 사이의 관계가 간단한 것은 아님을 이해하는 것이 아주 중요하다. 예컨대 주부다운 주부를 정의할 때 어떤 여자는 날마다 부엌 바닥을 청소하는 것까지 포함시켜 정의하는 반면, 다른 여자는 일주일에 한 번이면 족하다고 생각할 수 있고, 또 다른 여자는 바닥 청소와 주부로서의 일을 전혀 무관하게 여길 수 있다. 또, 어떤 학생은 좋은 성적의 기준을 평균 B⁺를 받는 것으로 보는 반면, 다른 학생은 A 이하가 한 과목만 있어도 실패로 볼 수 있다. 똑같은 성취를 놓고도 사람마다 성공으로 보기도 하고 실패로 보기도 하는 것이다. 이렇듯 충분한 역할 가정에 대한 성취 기준은 주관적이다. 그것은 타인과의 비교와도 관련이 있다. 우리 동네에 날마다 부엌 바닥을 청소하는 사람이 아무도 없다면 그것은 가사 일에 대한 시각에서 제외되기 쉽다. 반면 모든 사람이 빵을 직접 굽는다면 그것은 주부로서의 역량에 대한 자체 평가에서 중요한 요소가 될 수 있다.

사람들은 자신이 일을 잘 해 냈다는 느낌에서 엄청난 자부심과 보람을 찾는다. 그것은 국가를 이끄는 일이든 가정을 돌보는 일이든 화장실 벽을 페인트칠하는 일이든 마찬가지다. 반대로 사람들은 실패하면 괴로움과 고통을 경험한다. 그러나 여기서 사람마다 두 가지 점에서 차이를 보인다. 첫째는 성취에 대한 필요성을 느끼는 정도이고, 둘째는 성취와 관련해 본인이 가장 중시하는 삶의 특정 영역이다.

사회적 역할에 대한 투자

성취에 대한 필요성은 특정 역할에 대한 **정서적 투자**(emotional investment)의 관점에서 기술되어 왔다. 투자를 많이 한 부분일수록 실패는 참담하고 성공은 매우 높은 보상을 준다. 성공했을 때, 의기양양해지는 것은 부분적으로 참담한 실패를 모면했다는 것과 관련이 있다. 모험이 유달리 클수록 성공이 주는 성취감도 그만큼 크다. 어떤 이들은 남들보다 역할 수행에 더 많이 투자하는 듯 보인다. 예컨대 시험에 떨어졌을 경우 한 사람은 "잘하는 게 있으면 못하는 것도 있지"라고 반응하는 반면, 다른 사람은 자살을 기도할 수도 있다.

투자하기로 선택하는 역할(들)은 사람마다 다르며 대개 문화적 이유로 그렇다. 성적 존재로서의 자기 역할을 대단히 중요하게 보는 사람이 있는 반면, 직업적인 성공에 더 관심이 많은 사람도 있다. 뿐만 아니라 다른 모든 역할을 희생하고 한 가지 역할에만 투자하는 성향을 보이는 이들도 있는 반면, 계란을 한 바구니에 모두 넣지 않고 골고루 분산 투자하는 이들도 있다. 한 가지 역할에 대한 과잉 투자는 그 역할을 수행할 기회가 사라질 경우 문제를 낳을 수 있다는 것을 보여 주는 증거들이 있다. 예를 들어, 어머니 역할에 전부 투자한 여자는 자녀들이 집을 떠나면 극도로 불행해질 수 있다. 마찬가지로 오로지 직장에만 인생을 바쳐 온 중년 남자는 실직할 경우 잘 대처하지 못한다. 만족감을 줄 수 있는 다른 대안이 없을 때 상실은 더 고통스럽다.

요컨대 사람들은 역할 수행을 평가할 때 다음 세 차원에서 차이를 보인다. 첫째, 본인이 스스로 설정한 기준, 둘째, 성공을 위한 정서적 투자의 총량, 셋째, 투자를 분산하는 방식이다.

페르소나

칼 융(Carl Jung, 1875-1961)의 연구는 역할 수행과 자존감의 연관성에 대해 몇 가지 흥미로운 통찰을 제공한다. 융은 본래 프로이트의 동료였으나 후에 그의 이론에서 탈퇴했다. 융의 성격 이론은 여러 가지 '원형'(archetype)을 얘기한다. 원형이란 특정 방식으로 생각하고 행동하는 성향이라 할 수 있다. 원형의 하나로 페르소나(persona)가 있다. 이것은 순응적인 방식으로 생각하고 행동하여 사회적 용인과 사회적 통합을 꾀하는 유전적 성향이다.

이런 심리 성향의 발달은 진화적 관점에서 일리가 있다. 개인들이 순응하는 성향이 있으면 안정된 사회 구조를 유지하기 쉽다. 사회적 용인은 개인의 성공적 역할 수행에 달려 있는 것으로 보인다. 역할 수행을 위한 행동을 제대로 하지 못하면 곧 사회 내의 용인을 위협하는 것으로 통한다. 따라서 실패에 대한 두려움은 물론 그에 따른 거부에 대한 두려움이 성공을 추구하는 동기가 되는 것이다.

그러나 페르소나는 자아의 단면에 지나지 않는다. 융은 페르소나가 지나치게 부풀려질 경우 성취에 대한 건강치 못한 의존을 초래할 수 있다고 말한다. 한 현대 심리학자의 말을 인용한다.

> 바로 이 상황에서 개인은 자기 페르소나의 외적 성공이 곧 인격적 행복의 수단이 된다는 사실을 알게 된다. 이제 그는 자기가 맡은 역할(부모, 연인, 학자, 운동 선수 등)이 용인되어 타인의 인정이 따라야만 행복할 수 있다.…실패란 어떤 대가를 치르고라도 피해야 하는 것이다. 타인의 인정이 없는 한 자존감은 끔찍한 타격을 입기 때문이다(P. Gilbert, *Depression*, p. 328).

이것은 성취와 자존감의 관계에 대한 글에 단골로 등장하는 주제다. 보상의 외적 원천에 지나치게 의존하는 것(즉 성공에 대한 과잉 투자)은 심리적으로 건강하지 못하다.

유태인 정신과 의사 브루노 베텔하임(Bruno Bettelheim, 1903-1990)은 자신의 수용소 생활 체험기에서 사람들이 자신에게 닥친

극한 압박과 스트레스에 대처하는 방식의 차이점을 지적했다. 그는 세 부류의 반응을 대조했다. 정치범이 아닌 중산층 재소자들, 보통 범죄자들, 그리고 정치적 또는 종교적 양심수들이었다. 그의 결론에 따르면 보통 범죄자들이 가장 잘 적응했고, 양심수들은 그런대로 무난했으며, 정치범이 아닌 죄수들이 최악이었다. 셋째 부류에 대해 그는 이렇게 썼다.

그들은 일관성 있는 도덕적·철학적 또는 사회적 철학이 없었으므로 자신들의 성실성을 지킬 수 없었고 나치에 대항할 내적 힘도 가지고 있지 못했다. 투옥이라는 충격에 부딪혔을 때 그들은 기댈 자원이 거의 없거나 전무했다. 그들의 자존감은 직업, 가장, 기타 유사한 외적 요인 등의 위치에서 오는 지위와 존경에 의존해 있었다.…그러다 갑자기, 오랜 세월 자기에 대해 좋은 느낌을 갖게 해주던 그 모든 것이 땅 밑으로 꺼져 버린 것이다(*The Informed Heart*, pp. 120-121).

융과 로저스 둘 다 역할 수행을 참 자아나 전체 자아가 제대로 반영되지 않는 가면이라고 묘사했다. 융은 (그의 용어로 '영웅적 이상'의 죽음과 함께) 전능한 페르소나에 대한 의존을 버릴 때에만 참된 인격 발달을 이룰 수 있다고 주장한다.

이렇듯 긍정적 자존감과 외적 성취의 연관은 불가피하거나 직접적인 것이 아니며 심지어 바람직하지 않을 수도 있다. 그 관계는 매우 복잡하다. 무조건 성공과 성취를 자존감을 높이는 수단으로 받드는 것은(예컨대 로버트 슐러의 경우처럼) 적절하지 못하다.

자존감과 타인의 사랑

페르소나를 얘기하면서 우리는 타인의 사랑을 자존감의 한 가지 원천으로 조금 다루었다. 자존감의 일부 요소는 성취보다 호감이나 매력과 더 직결된다. 외모, 성적인 면, 선, 덕, 가치가 그에 해당한다. 건강도 이 영역에 들 수 있다. 질병과 장애는 흔히 타인의 거부를 가져올 수 있다. 나병과 에이즈는 극단적 예다. 자신을 남들에게 사랑받는 존재로 지각할 때 실패의 여파는 줄어들 수 있다.

미국에서 텔레비전용으로 제작된 시청률 최고의 프로그램 중 하나는 매트 그로닝(Matt Groening)의 '심슨 가족'(The Simpsons)이다. 이 만화가 인기를 끄는 비결의 일부는 실패와 성취 부진 등 자존감에 관련된 이슈를 예민하게 두루 다룬다는 것이다. 한 가지 이야기를 보자. 호머(바트 심슨의 아버지)는 대머리가 치료되며 극적 변화를 겪는다. 회사에서 간부직으로 승진되어 새 지위를 얻은 것이다. 그러다 갑자기 다시 대머리가 되자 간부직도 잃게 된다. 그의 아내가 그에게 말한다. "신경 쓸 것 없어요. 어쨌거나 우린 모두 당신을 사랑하니까요." 이렇게 그들은 모두 그 일 후에도 그런대로 행복하게 살아간다.

또 대중 연애 소설에도 여주인공이 남자의 연모의 눈길을 통해 '진짜 여자가 된 기분'을 맛보는 것으로 그려질 때가 많다. 다시 말해 사랑의 대상이 됨으로써 여자의 정체성이 획득되는 것이다.

그녀는 살짝 침을 삼키고 말했다. "나는 당신의 여자들 중 하나가 될 수 없어요, 마크…."

"내 여자들이라니? 사랑하는 잰…그들 중 누구도 당신의 존재를 십분의 일도 따라오지 못했소!" 그 때 그의 얼굴은 더없이 진지했고 눈빛은 한없이 그윽하고 부드러웠다. "난 당신이 '내 여자들' 중 하나가 되기를 바라지 않아요, 잰. 난 당신이 내 유일한 여자가 되기를 원하오."

융의 지적대로 성취는 사랑을 얻는 방편이 될 수 있다. 그러나 그 반대도 성립한다. 친구가 많고 인기 있으며 사교적으로 원만하다는 사실 자체가 바로 성취로 간주될 수 있다.

이렇듯 수용 또는 사랑을 받는 것과 성공을 얻는 것은 서로 밀접하게 연관되어 있다. 이러한 통찰은 하나님께 제물을 바치는 전통의 의미를 이해하는 데 도움이 된다. 그 예가 구약의 가인과 아벨 기사에 처음 등장하는데, 그들은 하나님 앞에 인격적으로 받아들여지려는 분명한 목표로 각자 자기가 수고하여 얻은 최상품을 하나님께 바쳤다(창 4:1-7).

자존감과 영원한 의미

영원한 의미에 대한 갈망은 인간의 불멸에 대한 집착과 광활한 우주에 비해 자신이 상대적으로 작은 존재라는 의식에 잘 나타난다. 인간은 세상에 자신의 흔적을 내거나 후손을 남기거나 혹은 최대한 오래 살고자 애쓰기도 한다. 일군의 공연 예술을 하는 학생들의 꿈을 주제로 한 1980년대의 텔레비전 시리즈 "페임"(Fame)의 주제가에는 "나는 영원히 살고 싶다!"와 "내 이름을 기억하라"는 사뭇 뜻 깊은 가사가 들어 있다. 이런 추구는 영원한 고독과 소외감에서 자아를 보호하려는 시도로 보이며, 아마도 성취와 타인의 인정이 자존감의 원천으로는 미약하고 오래 가지 못한다는 자각에서 비롯될 것이다. 전도서 저자는 그 점을 내다봤다.

한 세대는 가고 한 세대는 오되 땅은 영원히 있도다(1:4).

인생에게 임하는 일이 짐승에게도 임하나니 이 둘에게 임하는 일이 일반이라.…이의 죽음같이 저도 죽으니…다 흙으로 말미암았으므로 다 흙으로 돌아가나니 다 한 곳으로 가거니와(3:19-20).

펄시 비쉬 셸리(Percy Bysshe Shelley)도 "오지만디아스"(Ozymandias)라는 시에서 영원을 갈구하는 마음을 노래했다. 그는 어느 고대 국가의 한 기념상에 대해 이렇게 말한다.

고대의 나라에서 온 한 나그네가 들려 준 말.
돌로 된 두 개의 거대한 다리가 몸통 없이
사막에 서 있고.

이 파괴된 기념상은 죽은 지 오래된 한 왕의 권세에 바쳐진 헌정물의 겨우 남은 잔해로 밝혀진다.

"내 이름은 만왕의 왕 오지만디아스.
힘센 자들아, 내 위업을 보고 절망하라!"

기념상은 이 왕의 자존감을 선포한다. 그는 위대한 업적으로 인해 역사에 기억될 것이다. 그러나 그 업적은 하나도 남아 있지 않다. 말은 공허하게 울린다. 기념상은 지난날의 영광과 현재의 폐허, 퇴락, 무의미에 대한 서글픈 증언이다.

곁에는 아무것도 남아 있지 않다.
썩어 가는 거대한 잔해 주위에는 끝없고 벌거벗은
사막만이 평평하고 외롭게 뻗어 있다.

인생은 그 시간만 짧은 게 아니라 우리는 팽창하는 우주의 무수한 은하계 중 하나에 속한 한 별의 작은 점에 지나지 않는다. 이것은 실존에 관한 도전적 요소로서 깊은 불안을 자아낸다. 대다수 사람들은 대부분 그것을 무시하지만, 한편으로 그것은 다른 행성들의 생명체에 대한 주류 과학과 대중의 집착에도 나타난다. 인류가 우주의 미미한 존재라는 명백한 사실은 2,000년 전 시편 기자의 말에 잘 요약되어 있다.

주의 손가락으로 만드신 주의 하늘과 주의 베풀어 두신 달과 별들을 내가 보오니 사람이 무엇이관대 주께서 저를 생각하시며 인자가 무엇이관대 저를 권고하시나이까?(시 8:3-4)

이사야도 광대하고 무한한 창조 세계와 그 창조주에 비해 인간의 본질이 보잘것없음을 강조하며 똑같은 생각을 표현했다.

그는 땅 위 궁창에 앉으시나니 땅의 거민들은 메뚜기 같으니라. 그가 하늘을 차일같이 펴셨으며 거할 천막같이 베푸셨고(사 40:22).

앞 장 끝에 소개한 자존감의 정의에는 인격적 용인 가능성의 개념이 들어 있다. 이것을 영원한 의미라는 관점에서 생각할 때 사람들은 지금 여기서 작은 반경의 사람들에게 용인되기를 바라는 데서 벗어나 용인 가능성의 **절대** 불변의 기준을 추구하게 된다. 하나님을 믿는 사람들의 경우 좀더 인격적인 절대 기준이 그 추구에 통합될 수 있는데 그것은 바로 영원한 타자에게 **사랑받을** 가치다.

자존감과 경험의 해석

지금까지 우리는 자존감의 가능한 원천을 주로 인간 외적 사건의 측면에서 살펴보았다. 앞서 본 것처럼 이 사건들은 본인의 성취일 수도 있고 그 사람에 대한 타인의 행동일 수도 있다. 또 그것은 사람의 성씨나 인간 일반의 필멸성처럼 객관적 사실일 수도 있다. 이제 이런 외적 사건의 단순한 경험을 넘어 사람들이 저마다 자신의 경험에 부여하는 **해석**에 대해 고찰할 필요가 있다. 이미 말한 것처럼 인간은 자존감의 원천으로 역할 수행에 의존하는 정도도 다르고, 저마다 투자하는 특정 역할과의 관계도 다르다. 그러나 인간은 특정 사건에 대해 자신이 특정 역할을 충분히 수행했거나 그러지 못했다는 증거로 해석하는 방식도 다르다. 즉 **귀인**(歸因) 방식이 다르다.

데이비드 흄(David Hume, 1711-1776)의 철학을 위시한 영국의 경험주의 전통은 실험심리학 발전에 지대한 영향을 미쳤다. 한 가지 핵심 주장은, 일상 생활에서 관찰자는 사건과 사건의 관계를 이해하고자 원인을 추론한다는 것이다. 흄은 '원인'의 개념이 다음과 같은 방식으로 생긴다고 주장했다. 관찰자는 두 사건이 시간적으로 근접 발생하는 것, 첫 사건이 언제나 둘째 사건에 선행하는 것, 첫 사건이 선행되지 않는 한 둘째 사건은 절대 일어나지 않는 것을 본다. 그래서 관찰자는 첫 사건을 둘째 사건의 '원인'으로 결론짓는

다. 그러나 첫 사건은 단순히 둘째 사건에 대한 신호일 수도 있고(마치 교통 신호등처럼) 둘째 사건과 우연히 연관된 것일 수도 있다. 다시 말해 원인의 개념은 사건들의 내재적 관계가 아니라 관찰자가 사건에 부여하는 그 무엇이다. 인간 정신의 구성 개념인 것이다.

충분한 증거가 보여 주듯이 사람들은 자신의 특정한 방식에 따라 원인을 돌리는 성향이 있다. 예를 들면, 우리가 아는 한 중년 여자는 운전 면허 시험에 다섯 차례나 떨어졌는데 실패 원인을 본인의 운전 실력에 돌리지 않고 특정 시험관이 '젊고 예쁜 여자'를 선호하는 성향에 돌렸다. 그 시험관에게만 다섯 번 면허 시험을 보아 떨어졌다는 것은 그녀에게 논쟁의 여지가 없는 사실이다. 하지만 이유는 무엇일까? 이 일련의 사건의 원인을 어디서 찾아야 할까? 그녀는 시험관이 젊은 여자를 선호하는 데 원인을 돌림으로써 실패 이유를 자기 밖에서 찾았다. 그 결과 그녀는 끝까지 참고 여섯 번째 시험에 합격했다. 그러나 만일 그녀가 내면적 귀인 방식을 택해 실패를 자신이 운전 실력이 전무한 탓으로 돌렸다면 포기했을지도 모른다.

우리 집안의 친구인 한 11세 소년은 여태 한 번도 시합에 이겨 본 적이 없는데 그 원인을 자기가 본래 못난 탓으로 돌렸다. "제 삶은 실패로 끝날 거예요." 사실은 그저 운이 안 좋았을 뿐인데도 그는 실패한 이유를 한사코 자기 안에서 찾았다.

귀인은 세 가지 중요한 차원에 따라 달라진다. 내적-외적, 고정적-유동적, 전체적-부분적 차원이다. 지금부터 차례로 하나씩 살펴보자.

내적-외적

이 구분은 사건의 원인을 당사자의 내부에서 찾느냐 외부에서 찾느냐에 따른 것이다. 방금 여자 친구한테 채인 학생을 예로 들어 보자. 그는 이별의 원인을 내적 요인에 돌릴 수도 있고(그녀는 남자의 문제 때문에 관계를 끝냈다), 외적 요인에 돌릴 수도 있다(그녀는 자기 성격 때문에 관계를 끝냈다). 다음 말을 생각해 보라.

"여자 친구와 내가 헤어진 것은 내가 매력이 없기 때문이다."

"여자 친구와 내가 헤어진 것은 그녀가 내 좋은 면들을 볼 줄 몰랐기 때문이다."

전자의 접근은 실패한 관계의 원인을 본인의 결함으로 돌린 반면 후자의 접근은 여자 친구의 단점으로 돌린다.

고정적-유동적

이 구분은 사건의 원인을 영속적이고 고정적인 것에 돌리느냐 일시적이고 유동적인 것에 돌리느냐에 따른 것이다. 중요한 시험에 떨어진 학생의 경우를 예로 들어 보자. 두 가지 귀인이 가능하다.

"시험에 떨어진 것은 내가 멍청하기(현재도) 때문이다."

"시험에 떨어진 것은 편두통이 있었기(그 때) 때문이다."

전자의 경우 실패 원인은 이 학생의 삶의 영속적·고정적 특성에 돌려진다. 그녀는 멍청해서 실패했고 또 앞으로도 멍청할 것이다. 후자의 경우 실패 원인은 편두통이라는 일시적 요인에 돌려지며, 학생의 영속적·고정적 능력에 대한 말은 전혀 없다. 실패는 일시적 상황 탓이며 그것이 실력 발휘에 악영향을 준 것이다.

전체적-부분적

이 구분은 사건의 책임이 관련 당사자 전체에 있느냐 그 사람의 어느 한 특정 측면에만 있느냐에 따른 것이다. 일례로 다음 말을 생각해 보라.

"수학 시험에 떨어진 것은 내가 **멍청하기** 때문이다."

"수학 시험에 떨어진 것은 내가 **수학에 약하기** 때문이다."

전자의 접근은 실패의 원인을 사람의 전체적 특성에 돌린 반면 후자는 특정 영역에서의 무능력에 돌린다. 다음 예에서도 똑같은 구분을 볼 수 있다. 전자의 전체적 귀인과 후자의 부분적 귀인이 날카로운 대조를 보인다.

"내가 사진이 잘 안 나오는 것은 못생겼기 때문이다."

"내가 사진이 잘 안 나오는 것은 사진이 잘 안 받기 때문이다."

내적·전체적 귀인 방식은 사건의 책임을 철두철미하게 인간 내부에 둔다. 그 사람이 고정적 귀인 성향마저 있다면("나는 멍청하다") 더 이상 변화를 기대하기 어렵다. 내가 멍청해서 시험에 떨어졌다고 생각한다면 내 반응은, 시험이 너무 어려워서 떨어졌다고 생각하는 사람, 원래 약한 과목이라 떨어졌다고 생각하는 사람, 그때 아파서 떨어졌다고 생각하는 사람의 반응과 다를 것이다. 나는 재시험에 별 노력을 기울이지 않거나 아예 재시험을 보지 않기가 쉽다.

많은 학자들이 실패에 대한 내적 귀인 방식을 부정적 자존감이 유지되는 결정적 요인으로 꼽는다. 이것을 뒷받침하는 증거가 꽤 있다. 학생들을 상대로 연구한 결과, 자존감 설문지에 점수가 높게 나온 학생들은 성공을 본인의 실력으로 보는 내적 귀인 성향이 높은 반면, 점수가 낮은 학생들은 성공을 외적 또는 유동적 요인으로 돌리고('운') 실패에 대해서는 내적 귀인을 보이는('멍청함') 경향이 있었다. 자존감 점수가 낮은 학생들은 성공을 기대하지 않으며 어쩌다 성공해도 으레 별 것 아닌 일로 일축해 버리거나 자기 실력이 아닌 외적 요인 탓으로 돌리기도 한다. 이런 귀인 방식은 성인기까지 이어질 수 있으며 실제로 그런 경우가 많다.

실험으로 자존감을 조작하는 것도 가능하다. 피험자들에게 누구도 성공할 수 없는 과제를 제시한다고 하자. 그들은 당연히 과제 수행에 실패한다. 그 때 그들에게 남들은 다 성공했다고 말해 준다. 그러면(평점으로 측정되는) 그들의 자존감은 뚝 떨어진다. 대신 남들도 다 실패했다고 말해 주면 자존감은 이 과제에 대한 실패에 영향받지 않고 그대로 안정을 유지한다. 전자의 경우, 내적 귀인 과정이 일어난다. 남들이 다 과제에 성공했다는 생각 때문에 피험자는 실패 원인을 자기 결함으로 본다. 후자의 경우, 외적 귀인 과정이 일어난다. 남들도 다 실패했기 때문에 이에 대해 가능한 설명은 과제가 어려웠다는 것뿐이다. 다시 말해 문제는 그 사람 바깥에 있다.

따라서 긍정적 자존감이란 성공은 자기 탓, 실패는 외부 탓으로 돌리는 선택적 귀인을 통해 유지될 수 있다. 앞서 말한 운전 면허 시험을 본 여자의 경우처럼 말이다(제1장에서 살펴본 이론적 접근으로 본다면 이런 귀인 방식은 각각 일종의 정신분석학적 방어 기제, 인지적 대응 전략, 배후 가정의 작용으로 볼 수도 있다). 그러나 자존감과 귀인 방식의 관계가 일방적인지는 분명하지 않다. 내적·전체적·고정적 귀인은 낮은 자존감을 유지시킬 수 있지만, 반대로 낮은 자존감도 그런 귀인 방식을 유발할 수 있다. 전체 상황을 악순환으로 보는 것이 가장 좋을 것이다. 낮은 자존감은 특정 귀인으로 이어지고 그것은 다시 낮은 자존감을 굳히게 된다.

"나는 멍청하기 때문에 절대 성공하지 못한다." ↔ "절대 성공 못하는 것으로 보아 나는 틀림없이 멍청하다."

앞서 소개한 예들은 대부분 역할 수행이나 성취와 관계된 것들이다. 귀인은 자존감의 원천이 되는 다른 영역들에서도 이루어진다. 특히 타인에게 사랑받을 만한 가치가 자신에게 있느냐 하는 문제를 빼놓을 수 없다. 다른 사람들이 매정한 행동을 보일 때 그것을 나보다 그들의 문제 탓으로 돌릴 수 있다면 한결 대처하기 쉽다. 반대로 나 자신이 사랑받을 자격이 없다고 느낀다면 혹 상대가 사랑의 표현을 해도 그저 **아무한테나** 차별 없이 베푸는 관대한 태도쯤으로 일축할 수 있다.

요컨대 자존감은 우리의 혈통과 배경, 성취, 우주적 또는 영원한 의미, 타인에게 사랑받는 정도에서 우리가 자신을 보는 방식에 기초하는 것으로 보인다. 특정한 자아관은 우리가 사건에 부여하는 귀인을 통해 유지된다. 역으로 이 귀인 방식은 우리가 자신을 보는 방식에서 비롯될 수 있다.

생각할 것이 하나 더 있다. 자존감과 관련해 귀인 방식이 중요한 것은, 추론된 원인이 소중한 꿈이나 도덕적 가치와 연관될 때에 한해서다(55-56면을 보라). 따라서 중요한 질문은 단순히 "내가 이것을 유발했는가?"(물리적으로) 하는 것이 아니라 "이것이 내 잘못인가?"(도덕적으로)이다.

우리 두 저자 중 한 사람이 경험한 예가 이 구분을 명확히 보여 준다. 최근 나는 운전 중 사고로 자전거 타는 사람을 자전거에서 떨어뜨려 경상을 입혔다. 그녀는 안전한지 잘 살피지 않고 작은 길에서 큰 길로 전속력으로 진입했다. 그러다가 내 차 앞부분에 부딪혔다. 나는 그녀의 부상을 유발했으나 부주의하게 행동한 것은 아니었다. 나는 안전하게 길옆으로 벗어날 수도 없었고 과속하지도 않았다. 그녀가 안되긴 했지만 나는 자존감의 상실은 느끼지 않았다.

이것은 내가 안전을 제대로 살피지 않고 버스를 추월하려다 하마터면 부딪힐 뻔한 후 느낀 감정과는 대조된다. 아무도 다치지 않았지만 나는 자신의 안전 운전 수칙을 어겼다. 나는 자신을 탓했다.

여기서 우리는 낮은 자존감에 수반될 수 있는 부정적 감정 중 하나가 죄책감 또는 자기 비난임을 본다. 극단적인 경우 인간은 자신을 무가치한 존재 정도가 아니라 벌을 받아 마땅한 존재로 볼 수 있다. 이 주제는 다음 장 우울증 논의에서 좀더 자세히 살펴볼 것이다.

3. 자존감의 기능

1-2장에서 우리는 자존감이 **무엇**이며, 그것이 강화되거나 유지되어 특정 자아관을 지탱하는 방식을 설명하려 했다. 이제 자존감이 무슨 일을 **하는가**의 문제로 들어간다. 그것이 수행하는 기능은 무엇인가? 자존감은 심리적 행복과 건강한 성격 기능에 어떤 의미를 갖는가?

    이런 문제를 다루려면 자존감(설문지와 평점과 면담으로 '측정'되는)이 심리적 행복이나 정신 건강의 다른 독립적 기준들과 관계되는 방식을 보는 것이 유익하다. 그 과정에서 잊지 말아야 할 것은, 한 관측과 다른 관측 사이에 연관성이 보인다 해서 한 쪽이 다른 쪽의 원인이라는 증거는 아니라는 사실이다. 예를 들어, 부정적 자존감이 정신 건강 문제와 연관되어 있음이 밝혀졌다 해서 부정적 자존감을 문제의 원인으로 속단하는 것은 섣부른 판단이다. 둘의 관계는 훨씬 복잡할 수 있다. A와 B가 서로 연관되어 있다 해서 반드시 A가 B의 원인이거나 B가 A의 원인이라는 뜻은 아니다. A와 B 둘 다 제3의 요인 C의 결과일 수 있다. 따라서 부정적 자존감과 정신 건강 문제가 연관되어 있다는 관측은 적어도 세 가지 다른 방식으로 해석될 수 있다.

  1. 부정적 자존감이 정신 건강 문제의 원인이다.
  2. 정신 건강 문제가 부정적 자존감의 원인이다.
  3. 부정적 자존감과 정신 건강 문제는 둘 다 다른 데 원인이 있다.

  과학에서 인과 관계를 파악하고 나아가 설명을 구축하는 과정은 제2장에서 말한 통상적인 인간 심리학과 본질상 동일하다. 다만 과학적 접근은 통제된 상황과, 특히 적극적 실험하에서 좀더 많은 체계적 관측에 근거한 것이다. 예를 들어, 폐암과 흡연의 일반적인 통계적 연관성은 오래 전부터 알려진 것이지만 담배 연기 흡입이 일으키는 구체적 역할에 대해 알려진 것은 비교적 최근의 일로, 잘 통제된 유행병학적 연구와 실험의 결과로 가능했다.

  따라서 우리는 자존감이 성격 기능이나 정신 건강의 원인으로 작용한다고 성급한 결론으로 비약해서는 안 된다. 이 중요한 점을 유념하면서 지금부터 자존감과 여타 심리적 기준들에 관한 증거를 생각해 보자.

  제1장에서 보았듯이 긍정적 자존감이 효과적인 대인 관계 능력의 필수 선결 조건이라는 생각을 신봉하는 심리 치료사들이 꽤 있다(아들러, 호니, 로저스 등). 이것은 자존감을 잘 형성하고 있는 사람들이라면 굳이 남을 이용해 긍정적 자아상을 키울 필요도 없고 타인을 자기 자존감의 위협으로 보지도 않는다는 믿음 때문이다. 그들 행동의 동기는 두려움이 아니다.

  이렇듯 우리는 긍정적 자존감과 적극적 행동 사이의 연관성을 예측할 수 있으며, 실제 발견되어 온 내용도 여기에 정확히 일치한다(**적극성**과 **공격성**을 혼동해서는 안 된다. 적극적인 사람들은 자신이나 자기 신념을 위해 일어설 각오가 되어 있지만 남을 불쾌하게 하거나 착취하면서까지 그러지는 않는다). 긍정적 자존감은 건강한 신체, 원만한 대인 관계, 타인에 대한 관용과 포용력, 미래에 대한 희망과도 연관된 것으로 보고되고 있다.

또한 부정적 자존감을 지닌 아동들은 덜 노력하는 경향이 있다는 것이 밝혀졌다. 이것은 성공에 대한 기대감이 낮기 때문인 것으로 보인다. 그것은 그대로 자기 충족적 예언(a self-fulfilling prophecy)이 되어 부정적 자존감과 성공에 대한 낮은 기대를 둘 다 강화시킨다. 성인의 경우 부정적 자존감은 전반적인 건강 부진, 지나친 굴종, 수동성과 동조, 악평을 옳은 것으로 수용하는 경향, 학업과 직장 생활의 부진, 남을 헐뜯는 성향과 연관된 것으로 밝혀졌다.

부정적 자존감(통상 내적 귀인을 통해 유지되는 것으로 알려진)을 지닌 사람이 남을 헐뜯는 경향이 있다는 사실이 뜻밖일지 모른다. 그런 사람을 우리는 자존감이 **낮다**기보다 자존감이 **약하거나 상처받기 쉽다**고 보는 것이 좋을 것이다. 그 결과 그들은 끊임없이 자신에게 유리한 쪽으로 자신을 남들과 비교함으로써 자존감을 지키려 안간힘을 다한다. 이 전략은 보상 형태의 방어로 볼 수 있는데, 아들러가 열등감을 설명할 때 많이 사용한 개념이다.

이렇듯 최소한 두 가지 비정상 형태의 자존감이 인격적 문제로 이어질 수 있다. 하나는 방어 없이 벌거벗은 초라한 자존감이고, 또 하나는 위협받는 취약한 자존감과 그에 수반되는 부적응 방어다. 극단적인 경우에는 이런 성격 특성이 다른 모든 특성을 짓누른 채 성격을 지배할 수도 있다. 그렇게 된 사람을 **성격 장애**(personality disorder)를 겪는다고 표현한다. 그런 사람들의 삶은 대인 관계 영역에서 문제투성이며, 대개 깊은 불만을 느낀다.

성격 장애

미국 정신의학 협회의 「진단 및 통계학적 매뉴얼」(*Diagnostic and Statistical Manual*)에는 아홉 가지 유형의 성격 장애가 나와 있다. 자존감 비정상은, 비록 정도 차이를 보이며 부수적으로 수반되기는 하지만, 아홉 가지 유형 모두에 나타나는 주된 유의미한 특성은 아니다. 이는 그 자체로 중요한 관측이다. 자존감이 인간 생활과 고통의 모든 측면을 설명하는 데 사용될 수 없음을 보여 주기 때문이다. 따라서 비정상적인 자존감을 치료하는 것은 로버트 슐러의 「자존감: 새로운 개혁」(1982)에 깔려 있다고 보이는 가정처럼 모든 상황에서 심리 건강을 얻어내는 일종의 만병통치약이 아니다.

그럼에도 불구하고 아홉 가지 유형의 성격 장애 중 자존감과 주로 연관된 것이 두 가지 있다. **회피적 성격 장애**와 **자아 도취적 성격 장애**다.

회피적 성격 장애

회피적 성격은 틀림없이 만성적이고 극단적인 낮은 자존감으로 고생한다. 이런 사람들은 자신이 사회적으로 부적합하다고 느끼고, 대체로 무능하며, 비판과 거부를 거의 감당하기 불가능한 것이라고 생각한다. 그들은 다른 사람들을 자기보다 우월하며 내심 자기를 비판하는 존재라고 본다. 혹 남들이 긍정적, 수용적으로 대하는 듯하면, 회피적 성격 소유자는 대개 "저들은 진정한 내 모습을 모른다"고 생각한다. 이런 사람들은 어떤 종류이건 사교적인 상황에 직면하기를 피한다. 그들은 대인 관계가 별로 없으며, 그나마 맺고 있는 관계도 대개 잠재적 거부에 대한 두려움이 있다는 것이 그 특징이다.

자아 도취적 성격 장애

자아 도취적 성격은 언뜻 보기에는 회피적 성격의 정반대다. 이런 사람은 자신이 특별하고 남다르며 우월하다고 느낀다. 그들은 남들을 열등한 존재 혹은 자신의 잠재적 숭배자로 보는 경향이 있다. 이런 사람은 자기가 최고를 누릴 자격이 있고, 규정에 제약받지 않으며, 자신의 목표를 달성하기 위해 남을 이용할 권리가 있다고 생각한다. 이 성격 장애의 가장 두드러진 특징은 타인을 물건으로 대하는 성향일 것이다. 예를 들어, 애인이 아파서 부득이 데이트를 취소하면 자아 도취적인 사람은 동정보다 분노를 느낀다. 역설적으로, 자아 도취적 성격 장애를 겪는 사람들은 대개 불행하고 불만이 많으며 정신과에 도움을 요청할 때가 많다.

자아 도취적 성격은 두 방식으로 설명할 수 있다(사실, 그 동일한 현상에 이르는 두 가지 경로가 있을 수 있다). 첫째, 앞서 말한 약한 자존감에 대한 극도의 방어일 수 있다. 그게 아니라면 방어 없이 벌거벗은 비정상 수준의 긍정적 자존감일 수 있다. 프로이트와 몇몇 학자들은 비정상 수준의 긍정적 자아관은 부모가 아이를 지나치게 떠받들 때 생긴다고 보았다(증거가 희박한 이론이기는 하지만).

결론적으로 상당히 설득력 있는 증거가 보여 주는 바는 이렇다. 높거나 긍정적인 자존감은 원만한 성격 기능과 연관되는 반면 낮거나 부정적인 자존감은(어쩌면 극도로 긍정적인 자존감도) 부실한 성격 기능과 연관된다.

이제 정신 질환과 관련된 증거를 고찰해 볼 차례다.

정신 질환

성격 장애와 정신 질환의 경계가 언제나 분명치만은 않다. 괴벽이 광기로 바뀌는 지점은 어디인가? 사실 토머스 새스(Thomas Szass)와 로널드 레잉(Ronald D. Laing) 같은 많은 학자들은 심리적 고통을 질환의 관점에서 기술하는 방법('의학적 모델')의 유용성에 애당초 의문을 제기했다. 그러나 정신 의학의 의학적 모델의 한계에 대한 논의는 본서의 범위를 벗어난다. 우리는 그 한계를 인정하면서도 정신 질환의 진단 범주 체계를 사용한 접근을 유익한 것으로 받아들이고자 한다.

정신 질환과 성격 장애를 구분하는 요인은 다음과 같다.

- 피해자에게 유발되는 고통의 정도
- 피해자 자신이 평소의 자기가 아닌 듯한 느낌(곧 '질환' 개념)
- 현실 감각을 상실하는 요소

성격 기능이 부실한 사람은 정신 질환에 취약한 듯 보인다. 일부 학자들은 다음과 같은 관점에서 상황을 설명한다. 정신 질환이란 스트레스(심리적인 것이든 생물학적인 것이든)에 대한 반응으로 볼 수 있다. 취약한 사람의 경우에는 소량의 스트레스도 정신 질환을 낳을 수 있다. 그러나 존 보울비(John Bowlby)의 지적처럼 어떠한 역경에도 취약하지 않은 사람은 아무도 없다. 따라서 가장 잘 균형 잡힌 사람도 심한 충격을 입으면 한계점에 몰릴 수 있다. 그러므로 정신 질환은 평소 건강한 성격 기능을 가진 사람에게서도 관찰될 수 있으며, 때로는 장기적인 성격 장애와 함께 나타나는 경우가 많다.

불안 장애

불안은 통증처럼 환경에 효과적으로 대응하도록 돕는 아주 유용한 일상적인 경험이다. 불안이 동기가 되어 우리는 위험에 반응한다. 불안이란 일종의 두려움으로 경험되는 주관적인 정서 상태라 할 수 있다. 땀을 흘리고 가슴이 두근거리고 입이 마르는 등 신체적 증상도 수반되며, 불안이 구체적 자극 때문에 유발된 경우 그 상황을 벗어나거나 회피하려는 강한 욕망도 나타난다.

불안 관련 장애는 아주 흔히 볼 수 있다. 성인의 대략 10%는 불안 장애를 겪고 있을 수 있다. 불안이 장애로 간주되는 경우는, 정서적 반응의 강도와 지속 기간이 인지된 위험에 비해 지나치게 도를 벗어나거나 생활이 제약받을 정도로 치밀한 회피 전략(avoidance strategy)이 기용될 때다. 이것의 예는 광장공포증 때문에 집 밖으로 나서는 것이 두려워 쇼핑을 전적으로 남에게 의존하는 사람이다. 이런 사람은 사회 생활과 직장 생활이 피폐해진다. 또 다른 예는 거미공포증이 있어 밤마다 거미가 숨어 있는지 온 집안을 센티미터 단위로 살피느라 잠자리를 준비하는 데만 두 시간씩 걸리는 사람이다.

불안의 핵심 주제는 **위협**이다. 위협은 질병, 부상, 폭력, 죽음 등 물리적인 것일 수 있다. 불안의 신체적 증상은 심장 질환과 비슷하며 그것 자체가 두려울 수 있다. 그러나 마찬가지로 불안은 남들에게 어리석게 보이는 것, 거부당하는 것, 정신착란 등과 같은 심리사회적 위협의 반영일 수도 있다. 따라서 대중 연설에 대한 두려움 등 일부 불안 장애는 분명 자존감에 대한 위협을 반영한다.

만성적 염려와 불안은 미래 지향적인 정서다. 불안한 사람은 갖가지 가능한 미래의 시나리오를 곰곰이 생각하느라 밤잠을 이루지 못할 수 있다. "졸업 연설에서 말을 더듬으면 얼마나 끔찍할까?" 따위의 생각으로 두려운 사건의 비극적 결과를 곱씹는 것이다. 남들에게 받아들여지고, 사안에 책임을 지며, 능력을 보여야 한다는 생각이 그런 사고의 중심을 이루는 경향이 있다(수용과 능력에 대한 집착은 제2장에서 말한 것처럼 분명 자존감과 관련이 있다. 책임에 대한 집착은 남을 믿지 못하는 것과 관련이 있다). 경우에 따라 이런 사람들은 상황의 잠재된 위협에 과민해지거나 지나치게 경계하게 된다. 거부당하지 않았는데도 거부당했다고 생각하거나 토마토 꼭지를 거미로 착각하는 식이다.

불안 장애의 결과는 심각할 수 있다. 불안한 사람들은 **자기 보호** 그리고 위협에 대한 회피 때문에 무력해져 인간답게 발달될 수 없고 타인의 필요에 효과적으로 대처하지 못할 때가 많다. 윌리엄 제임스(William James)는 인생 말년에 건강 악화에 대한 이상한 두려움에 시달렸다. 그는 그것이 자신을 자기에게만 몰입하는 이기적 인간으로 바꿔놓았다고 처음으로 시인한 사람이었다. 불안 장애가 있으면 개인의 정체감과 실존 의식과 자존감이 취약해지며 환경을 본질적으로 적대적인 것으로 지각하게 된다.

이것은 성경의 몇몇 중요한 통찰과 상통한다. 세상에 두려움이 들어온 것은 아담과 하와가 범죄하고 나서였다(창 3:10). 이와 비슷하게 복음서는 그리스도를 믿을 때 두려움이 사라진다고 말한다(마 14:28-33). 인간의 두려움은 하나님의 사랑을 통해서만 내어쫓을 수 있다(요일 4:18-19).

피해망상

중증 정신 질환의 한 가지 증상은 피해망상이다. 이것은 대개 특정 유형의 정신분열증 정황에서 발생하지만 마약이나 알코올 남용으로도 유발될 수 있다. 피해망상이란 남들이 자신을 의도적으로 해치려 한다고 믿는 신념이다. 그것은 확고부동하고 때로 정교하며, 개연성이 없는데도 반박에 저항한다. 예컨대 비밀 경찰이 집안에 카메라와 도청 장치를 숨겨 놓고 모든 행동을 감시하고 있으며, 가족 주치의며 그 밖의 사람들도 그들과 한패라는 식이다. 이런 망상은 두려운 감정 변화에, 그리고 질환의 일부로 경험되는 지각력과 주의력 문제에 정신적으로 의미를 부여하려는 시도로 보인다. 좀더 인격적 관점에서 말한다면, 피해망상은 인격 분열의 위협 앞에서 **자존감**을 보존하기 위한 치밀한 방어 구조로 묘사되어 왔다.

따라서 피해망상은 부정적 사건에 대한 극단적인 외적 귀인이라 할 수 있다. 이것은 타당성 있는 가설이며, 저자 중 한 사람의 경험과 잘 맞아떨어진다.

내 사무실은 서류며 집기가 온 사방에 널려 있어 아주 너저분하다. 하지만 늘 모든 물건이 어디 있는지 안다는 것이 내 자랑이다. 혼돈 속에 질서가 있다. 그러나 최근 몇 가지 중요한 물건이 없어졌다. 나는 두 가지 해석 중 하나를 택해야 했다.

"나는 대책 없이 정리가 안 되어 있고 무능하다."

"누군가 내 사무실에서 고의로 물건을 **가져가고** 있다."

나는 후자의 해석을 택했다. 내가 무능하다는 생각이 달갑지 않았기 때문이었을 것이다. 나중에 나는 없어진 물건들이 다 사무실 안에 있다는 것을 알고 부끄러웠다. 내가 분명히 거기 놓아두고 잊어버렸던 것이다! 물증 앞에서 나는 내 피해망상적인 가설을 버릴 수 있었다. 피해망상을 고치는 것은 만만한 일이 아니다. 망상을 버릴 때 자존감이 치러야 할 인격적 대가가 너무 크기 때문일 것이다.

불안 관련 장애와 피해망상은 둘 다 자존감의 위협과 관련된 것으로 볼 수 있다(두 경우 모두 지각된 위협은 개인의 다른 많은 측면과도 관련될 수 있지만 말이다). 그러나 자존감의 위협이 현실화되고, 병적인 수준의 부정적 자존감이 핵심 규정 요인이 되는 상태가 있다. 바로 **우울증**이다.

우울증

슬프거나 우울한 기분이 어떤 것인지는 누구나 안다. 임상적 우울증은 성격상 그런 기분과 비슷하지만, 위험하리만큼 심한 정도에 이를 수 있다. 우울증은 성인 인구의 15-20%가 앓고 있는 흔한 질환이다. (우울증의 심리적 고통에 대한 강력하고 생생한 묘사가 시편 38편에 나와 있다. 여기서 그 장 전체를 세세하게 공부해 볼 것을 권한다.)

우울증 질환에는 여러 종류가 있다. 그러나 모두 동일한 공통점이 있다. 우울증에 걸린 사람은 슬픔, 죄책감, 수치심, 불안, 절망은 물론 분노를 경험하기도 한다. 수면 장애, 식욕 감퇴, 성욕 감퇴가 많이 나타나며, 기억력, 집중력, 사고력도 영향을 입을 수 있다. 평범한 일상 업무를 도저히 감당할 수 없어 활동 수준과 대인 관계가 양적으로 현저히 떨어지기도 한다. 우울한 사람은 자신의 외모나 영양이나 대외적 의무를 도외시한 채 온종일 의자에 앉아 울며 지낼 수 있다. 많은 경우 자살을 생각하며 실제 자살을 기도할 때도 있다. 그런 우울 발작(depressive episode) 중에는 틀림없이 뇌에 화학 변화가 일어난다. 우울증은 다양한 약물 치료로 차도를 볼 수 있다. 그러나 여기서 생각하는 내용은 생물학적 부분보다는 심리적 부분이다.

근년 들어 우울한 사람의 사고 과정에 대한 관심이 커졌다. 불안이 미래 지향적인 정서인 반면("그렇게 되면 어떡하지?"), 우울증은 과거에 있었던 일과 아주 깊이 연관되어 있다는 지적이 나왔다. 「애도와 멜랑콜리」(*Mourning and Melancholia*)에서 프로이트는 우울한 사람들과 사별한 사람들의 유사성에 착안해 **상실**이 우울증의 중심 주제라는 사실을 환기시켰다. 사별과 우울은 수반되는 수면 장애 유형의 세부 사항에 이르기까지 정말 신기할 정도로 유사하다.

그러나 명백한 차이점이 하나 있다. 사별이 뚜렷하고 중대한 상실에 대한 반응인 반면, 우울의 기원은 좀더 모호하다는 것이다. 사별의 경우 당사자 **외부에 있는** 뭔가가 상실됐지만 우울증의 경우 **내면**의 무엇, 즉 자아가 상실 또는 축소된 것이라고 프로이트는 말했다. 이 자아 상실은 부정적 자존감에 대해 통용되고 있는 묘사와 일치할 수 있으며, 그것을 통해 프로이트는 극히 부정적인 자아관이 우울증의 특징은 되지만 사별의 현저한 특징은 아니라고 설명했다.

벡은 우울한 사람의 핵심적인 신념을 다음과 같은 부정적 3각 구조의 관점에서 묘사했다.

- 자아를 무가치하게 본다.
- 바깥 세상을 무의미하게 본다.
- 미래를 절망적으로 본다.

이런 신념은 관련된 각 세 영역의 본질적 측면이 상실됐다는 판단에 따른 것이다. 자기 혐오는 우울을 수반한다. 우울한 사람들은 자신이 수많은 죄로 마땅히 처벌받아야 하고, 자기가 없으면 남들이 더 좋아질 것이며, 자신의 실존을 스스로 끝내야 한다고 느낄 수 있다. 이런 자기 혐오는 종종 패배감과 거부감을 중심으로 생겨난다.

언뜻 보기에, 회피적 성격(즉 지속적인 부정적 자존감)을 가진 사람은 우울증에 잘 걸릴 것으로 보인다. 실제로 스트레스를 받는 특정한 일을 당할 경우 자존감이 낮을수록 전체 상황을 절망적으로 평가할 소지가 높다는 것이 많은 학자들의 말이다. 벡은 우울에 취약한 성인들의 내면에는 이러한 신념의 부정적 3각 구조가 잠복 상태로 숨어 있다고 주장한다. 실제로 자존감이 우울증의 경과와 예후를 예측해 준다는 증거가 있다. 치료에 저항이 강한 우울증일수록 자존감이 매우 빈약한 특성을 보인다. 그러나 부정적 자존감이 실제로 사람들을 애초부터 우울증 발병에 더 취약하게 만드는지 여부는 여전히 논란이 되고 있다.

우울증에 대한 인지행동적 접근

제1장에서 말한 것처럼 벡을 필두로 한 인지행동 치료자들은 **사고에 우위를 둔다**. 그들의 우울증 치료는 자동적 사고를 변화시켜 잠재된 역기능적(무익한) 신념과 스키마를 수정하는 쪽을 지향한다. 이것은 협력적 접근이다. 즉 치료자와 내담자가 팀을 이루어, 치료자가 내담자 스스로 진실을 찾도록 격려한다. 그럼에도 불구하고 인지행동 치료는 고도로 정형화된 것이며 은근히 지시적이다.

인지행동 치료는 우울증 치료에 매우 효과적이며, 특히 자존감에 적어도 단기적 효과가 있는 것으로 드러났다. 낮은 자존감에 대한 인지적 모델은, 자아에 대한 전체적인 부정적 판단이 미래에 대한 부정적 예측으로 악순환을 이어 간다고 제시했다. 그렇기 때문에, 정작 보상이 될 법한 상황은 피하고 자신의 유능함을 보여 주는 증거는 무조건 무시한다. 그렇게 부정적 판단은 확증되고 유지된다.

우울한 자동적 사고는 왜곡되고 비논리적인 것이다. 이들의 귀인 형태(실패는 내적 귀인, 성공은 외적 귀인)는 물론 다음과 같은 방식들이 그 점을 보여 준다.

임의적 추론: 근거 자료 없이 부정적 결론을 내리는 성향(예: "사실이다. 나는 쓸모 없는 인간이다").

선택적 추상화: 전체 정황을 무시한 채 사소한 세목에 집중하는 것(예: "내가 준비한 식사는 성공적이었지만 커피가 너무 싱거웠다. 고로 모든 게 다 엉망이었다").

과잉 일반화: 단일 사건을 근거로 폭넓은 다양한 일들을 결론짓는 것(예: "오늘 수퍼마켓 계산대 여자가 나한테 불친절했다. 고로 아무도 날 좋아하지 않는다").

확대와 축소: 사건의 중요성 평가에서 오류를 범하는 것(예: "오늘 남자 친구가 전화하지 않았다. 고로 그는 더 이상 나를 사랑하지 않는다").

절대적 양극 논리: 중간 입장들의 존재를 인정하지 않는 흑백 논리적 사고 방식(예: "네가 날 사랑하지 않는다면 나를 미워하는 것이다").

이런 왜곡된 사고 유형을 통해 유지되기도 하고 또 그런 사고 유형을 부추기기도 하는 스키마(핵심 신념)와 배후 가정 역시 마찬가지로 비합리적이다. 왜곡된 핵심 신념의 예는 다음과 같다.

"반드시 모든 사람이 나를 좋아해야 한다"(핵심 신념). 그러므로 "사랑받지 못하면 나는 행복할 수 없다"(배후 가정).

"남에게 받아들여지려면 나는 완벽해야 한다"(핵심 신념). 그러므로 "어떤 일에든 실패하면 나는 무가치한 존재다"(배후 가정).

독자들은 이런 신념이 정말 비합리적이고 무익하고 거짓된 것인지 의문이 들 수 있다. 다음 장에서 이 문제를 다시 다룰 것이다.

인지행동 치료자들은 내담자에게 다음과 같이 주문하여 자동적 사고에 도전한다. 즉 내담자는 자신의 결론에 대한 증거를 합리적 방식으로 재평가해야 하며, 또 애초에 그런 생각이 들게 한 사실들을 대안적으로 해석할 방법들을 찾아내야 한다. 예컨대 "수퍼마켓 계산대 여자는 소화불량 때문에 불친절했을 수 있다. 그리고 어디까지나 그 여자는 한 사람에 지나지 않으며 그나마 내가 잘 모르는 사람이다." 치료자는 내담자에게 자기 결론을 시험해 보는 과제를 준다. 예컨대 남자 친구에게 전화를 걸어 전날 밤 왜 전화를 안 했는지 알아보게 할 수 있다.

배후 신념도 다양한 기법을 사용하여 이의를 제기해 보고, 그것이 얼마나 **도움이 되는가 또는 유익한가**의 관점에서(그것의 절대적 타당성의 관점에서가 아니라) 명쾌하게 평가된다. 예를 들어, 어떤 상황에서 비난할 대상을 찾는 것은 유익하지 않으므로 도덕적 책임에 대한 문제는 적극 피하도록 한다. 치료자는 내담자에게 자신에 대한 기준을 좀더 낮고 현실적이고 도달 가능한 것으로 정하고, 완벽주의를 버리라고 권한다. 특히 특정 사실의 결과를 따져 보게 한다. 예컨대 "내가 어떤 일에 실패하거나 어떤 사람들의 사랑을 받지 못한다면 그것이 **정말** 그토록 나쁜 일인가?"

결과도 양호하고, 탄탄한 평가도 거친 인지행동 접근은 자신과 세계와 미래에 대한 인간의 사고 방식이 바뀌면 우울 발작에서 회복될 수 있음을 보여 준다. 그러나 대부분의 인지 치료자들이 서슴없이 인정하는 것처럼 우울증의 원인은 단순히 특정한 인지 방식만은 아니다. 우울증은 생애 주요 사건들에 대한 반응으로 찾아온다. 1978년 사회학자 조지 브라운과 정신과 의사 티릴 해리스(Tirill Harris)는 영국의 도시 노동자 계급 여성들을 상대로 실시한, 우울증의 사회적 원인에 대한 중요한 연구를 발표했다. 연구 결과 이 여성들의 임상적 우울증 발달에 인생의 특정 사건들이 연루되어 있음이 밝혀졌다. 장기적 위협을 주었거나 심한 낙심을 동반한 사건들이었다. 예를 들면 사랑하는 이의 질병이나 죽음, 절친한 친구나 친척에 대해 알게 된 심각한 부정적 내용, 본인이나 배우자의 실직 또는 실직 위기, 거주지 이전의 필요성 등이었다.

이 모든 사건에는 뭔가 혹은 누군가 소중한 대상의 장기적 상실(실제이든 잠재된 것이든)이 개입되어 있음에 주목하기 바란다.

그러나 같은 사건이라도 우울증으로 이어진 것은 일부 여성들에게 국한됐다. 부정적인 사건들 이후 우울증에 가장 취약한 여자들은 11세 이전에 어머니를 잃은 경우, 남편과의 친밀감 정도가 낮은 경우, 또는 14세 이하의 자녀가 셋 이상 있는데 직장이 없는 경우였다.

세 요인 중 둘 이상이 동시에 나타나면 우울증에 걸릴 취약성은 극적으로 증가했다. 우울증이 심한 정도는 이전의 상실과 분리 이력, 그리고 과거의 전반적 정신 질환 이력과 상관이 있었다.

브라운과 해리스는 취약성 요인들이, 낮은 자존감 개념과 연관되어 있다고 추측한다. 어머니를 잃었거나 남편과의 친밀감이 부족했던 여자는 거부당한 기분을 느낄 수 있다. '가정 주부'라는 알아주지 않는 역할로 집안에 고립되는 삶은 부정적 자기 평가로 이어질 수 있다. 따라서 우울증에 나타나는 피폐한 자존감은 특정 사고방식 때문에도 유지될 수 있지만, 동시에 중요한 생애 사건들과 환경적 요인도 강력한 영향을 미치는 것으로 보인다.

이제 정신 건강에 미치는 자존감의 역할에 대해 어떤 결론을 내리는 것이 가능하다. 틀림없이 낮은 자존감은 우울증의 특성을 나타내지는 않는다 해도 우울증과 강한 연관이 있다. 자존감의 위협은 분명 불안 장애에 일익을 담당하며, 정신 분열증의 일부 증상이 발생하는 데도 중요할 수 있다. 자존감이 거식증과 대식증 같은 식생활 장애에도 기여한다는 인식이 높아지고 있다. 끝으로, 조증(躁症)이라는 드문 질환은 "나는 **뭐든지** 할 수 있다!"는 식의 들뜨고 의기양양한 자아관이 특징이다. **좋지만 과장되지 않은** 자기 평가야말로 원만한 성격 기능의 특징인 듯 보인다. 덧붙여, 이런 좋은 판단은 외적 성취나 타인의 인정에 너무 의존해서는 안 된다. 다시 말해 긍정적인 만큼 탄탄해야 한다. 남을 소중히 여기려면 먼저 자신을 소중히 여겨야만 할 것이다.

왜 그럴까? 좋은 자존감은 우리를 무엇으로부터 보호해 주는 것일까? 거부당하거나 실패하는 것이 정말 그렇게 나쁜 일이냐고 인지행동 치료자가 묻는다면, 우리 입에서 절로 나올 답은 "물론!"이다. 여기서 "왜?"라는 질문이 제기된다.

분리와 자존감

브라운과 해리스 연구의 가장 인상적인 결과 중 하나는 11세 전에 (죽음이나 별거로 인해) 어머니를 잃은 여성들의 경우 우울증 위험이 높아진다는 점이다. 이것은 모든 취약성 요인 중 시간적으로 가장 거리가 먼 요인이다. 이것과 낮은 자존감과의 관계가 금방 확연하게 드러나지는 않는다. 이 연구의 중요성과 그것이 그리스도인의 자존감에 시사하는 의미를 탐색하기 위해, 우리는 정신 역동 지향의 영국 정신과 의사 존 보울비의 연구를 보고자 한다. 그는 제2차 세계대전 직후 부모-자녀 관계에 대해 선구적 작업을 수행했다.

보울비는 대개 입원 기간 중 일어나는 어린 자녀와 어머니와의 일시적 분리의 영향에 관심을 가졌다. 그가 주목한 일반적 행동 유형은 6개월에서 3세 사이의 아동에게 특히 두드러졌으나 그 연령층을 벗어나서도 나타났다. 부모와 떨어진 아이들은 다음 세 단계를 거쳤다.

저항. 아이는 울거나 엄마를 부르면서 엄마 뒤를 쫓아가거나 찾으러 다니며, 때로는 분노를 표현하기도 한다. 떨어지지 않으려는 아이를 놀이방이나 탁아소에 맡겨 본 사람이라면 누구나 익숙한 행동일 것이다. 우리 딸은 자기를 두고 떠나려는 엄마의 길고 넉넉한 치맛자락을 말없이 붙잡곤 했기 때문에, 조애나는 말 그대로 다시 방으로 끌려들어 갔다.

절망. 이제 아이는 괴로움이 극에 달해 누구의 위로도 받지 않고 고통 속에 흐느낀다.

초연. 이 마지막 단계에 이르면 아이는 엄마가 돌아오지 않으리라는 것을 깨닫는 듯 보인다. 아이는 자아 속으로 숨어들어 주변에 아무 관심도 보이지 않고 타인과 어울릴 의향도 없다. 아이는 결국 엄마와 재회해도 엄마를 거부할 수 있다.

이 선구적인 연구는 분리에서 비롯된 불필요한 고통에 관심을 불러모으며 육아 관행에 일대 혁신을 가져왔다. 그래서 병원들은 자녀들을 부모 곁에 더 오래 있게 해주었고 나중에는 자녀가 입원한 경우 부모가 아이 곁에 머물 수 있도록 시설을 제공하기 시작했다. 이 연구는 엄마가 직장에 다닐 경우 그것이 자녀에게 미칠 수 있는 악영향에 대해 다소 부질없는 논란을 불러일으키기도 했다(사실 어린 자녀에게 심한 고통을 주는 것은 엄마와의 분리만이 아니다. 다른 성인 가족들과 형제 자매와의 분리도 비슷한 영향을 준다. 사춘기의 경우 또래 집단과의 분리도 마찬가지로 중요하게 볼 수 있다).

엄마와의 분리가 어린 자녀에게 그토록 극도의 불안을 유발하는 까닭은 무엇인가? 보울비는 조류와 포유류와 인간 행동에 대한 동물행동학적 연구(신중한 자연주의적 관찰)에 바탕을 두고 이 질문에 답한다. 새끼 동물들이 부모에게 긍정적 반응을 보이는 이유는 부모를 양식의 출처로 인식하기 때문이라는 것이 오랜 주장이었다. 그러나 새끼 동물이나 인간이나 자신의 신체적 필요를 채워 주는 대상보다는 위안과 애정을 베푸는 대상을 더 선호한다는 증거가 늘고 있다. 그들은 부모(또는 그 대리자) 곁에 최대한 바짝 붙어 매달리거나 끌어안는(조류의 경우 뒤를 따라가는) 행동으로 그 선호를 표현한다. 이 행동을 **애착 행동**이라 부르는 것은 놀랄 일이 아니다(우리 딸은 엄마의 유일한 접근 영역인 치맛자락을 꼭 붙들어 그것을 명백히 보여 주었다). 보울비는 이것을 배고픔이나 목마름과 유사하면서도 그 둘과 독립되어 있는 기본 욕구의 발로로 보았다. 그래서 그는 「안전한 기지」(*A Secure Base*)에 그것을 이렇게 묘사했다.

> 애착 행동이란 확실히 확인된 타 개체로의 근접성을 획득 또는 유지하게 해주는 모든 형태의 행동으로, 이 때 타 개체는 세상에 대한 대응 능력이 더 좋은 존재로 인식된다. 이것은 두렵거나 지쳤거나 아픈 사람이 위로와 돌봄으로 달램을 받을 때 가장 확연해진다. 다른 경우에는 이러한 행동이 덜 확연하다. 그럼에도 불구하고 애착 대상이 곁에 있어 반응을 보인다는 것을 알 때 인간은 **안전** 의식을 강하고 충만하게 느끼며 그럴수록 그 관계를 아끼고 지속하게 된다. 애착 행동은 유아기에 가장 확연하지만 특히 비상시를 비롯해 평생에 걸쳐 관찰될 수 있다. 사실상 모든 인간에게 나타나는 현상이므로(방식의 차이는 있지만) 인간 본

성의 필수 요소로 간주되며, 다른 종(種)들도 공유하고 있는 것으로 보인다(정도의 차이는 있지만). 이것이 담당하는 생물학적 기능은 보호 기능이다. 늘 준비되어 있다가 비상시 기꺼이 내 곁에 와줄 친숙한 개체가 근거리에 있다는 것은 분명 연령과 무관하게 훌륭한 보험 정책이다(pp. 26-27, 저자 강조).

유아들은 애착된 성인의 존재를 통해 새로운 환경을 탐색할 수 있게 되는 것으로 보인다. 그들은 성인 곁을 벗어나기도 하지만 변화나 위협이 감지되면 즉시 돌아온다. 이렇듯 성인은 안전 기지로 작용하며, 유아는 사랑하는 이가 자기를 기다리고 있음을 확실히 알기에 점점 멀리 모험에 나설 용기가 생긴다. 성인인 우리도 누군가의 손을 꼭 붙잡아야 할 때를 늘 만난다. 주눅들게 하는 사교적 상황이 그런 경우다. 조지와 위던 그로스미스(George & Weedon Grossmith)의 에드워드 왕 시대 희극 「아무도 아닌 자의 일기」(*The Diary of a Nobody*)에 보면 시장 관저에서 열리는 시장 환영회 얘기가 나온다. 그 장면을 보자.

무리가 도착했다. 그 웅장한 광경을 나는 도저히 잊지 못할 것이다. 내 비천한 펜으로는 절대 묘사할 수 없다. 나는 "아는 사람이 하나도 없다니 우리도 참 딱하지요?"라고 연거푸 말하는 캐리에게 약간 짜증이 나 있기도 했다. 그녀는 단번에 완전히 냉정을 잃었다. 내가 펙햄의 프래칭 같아 보이는 사람을 보고 그 쪽으로 가고 있는데 캐리가 내 코트 뒷자락을 잡고는 꽤 큰소리로 말했다. "가지 마요." 그 바람에 대례복을 입고 관직 목걸이를 두른 한 노신사와 두 숙녀가 웃음을 터뜨렸다.

이렇듯 일시적 또는 영속적 분리로 인해 사랑하는 개체에게 애착할 수 없게 될 때 극도의 정서적 고통이 발생할 수 있다. 분리에 뒤따르는 유아의 감정은 추측할 수밖에 없다. 그런 유아를 바라보는 자라면 누구나 **겁**이나 **공포**라는 단어로 그들의 반응을 묘사할 것이다. 필시 이런 반응은 **홀로 남거나 버려질** 것이라는 예측에서 촉발된다. 완전히 홀로 남는다는 것은 만인 공통의, 극도로 비참한 곤경이다. 특히 엄마와의 신체적 애착에서 기원하는 포유류의 경우, 분리의 영향은 정말 무서운 것일 수 있다.

보울비는 유아의 분리와 성인의 사별 사이의 유사성을 곧바로 지적했다. 죽음이란 엄연히 궁극적 분리다. 혼자 남은 유아들이 처음에 저항하는 것처럼 갓 사별한 성인들도 사랑하는 자를 잃었다는 사실을 좀처럼 믿지 못한다. '그럴 리 없어'가 흔한 반응이다. 유아가 엄마를 부르듯이 사별한 사람도 고인을 찾거나, 간혹 딴 사람을 고인으로 착각하기도 한다. 사랑하는 이가 돌아오는 꿈을 자주 꿀 수도 있다. 자기만 남은 데 대한 분노도 있을 수 있다. 얼마 후 절망하는 단계가 오면 쓰디쓴 비애가 봇물처럼 터질 수 있다. 비애가 제대로 해결되지 않으면 유아의 분리와 흡사한 우울의 제3단계에 이른다. 이렇듯 상실의 개념은 분리와 우울을 연결시킨다.

애착이 방해를 받으면 곧바로 유아에게 고통이 유발됨은 틀림없는 사실이다. 보울비는 그 영향이 미래까지 이어질 수 있고 성인의 성격 발달에 중요한 요인이 된다고 주장한다. 그는 성인기에 정신건강 문제가 생긴 사람들일수록 유년기에 분리 경험의 빈도가 높다고 지적했다. 그러나 그는 또 애착의 **방식**에 방해를 받는 것 역시 완전한 유대 단절만큼 해로울 수 있다고 말했다. 보울비의 이론을 실험적으로 검증하기 위한 노력이 광범위하게 있었다. 나와 있는 증거는 대체로 그것을 지지한다. (그러나 그것을 결론적으로 검증하는 일과, 부모-자녀 관계에 작용할 수 있는 모든 인과 요인을 추정하는 일은 극히 어려울 것이다.)

이 이론에 따르면, 타고난 기질이 유아마다 다르다고 해도, 이후 유년기 행동을 예견해 줄 부모-자녀 관계의 특정 유형을 파악하는 것은 가능하다. 최적의 양육 관계는 **따뜻함**, **지속성**, **친밀감**으로 규정된다. 그러나 그 관계가 꼭 아이의 생모로 제한될 필요는 없다. 그런 관계 안에서 아이는 자신을 가치 있게 여기는 법을 배운다. 아이는 "나는 사랑받고 있고 그들이 늘 내 곁에 있어 나를 받아주기 때문에 나는 가치 있는 존재임에 틀림없다"는 신념을 내면화한다. 결국 타인들(부모와 또래)이 제공하는 안전 기지는 마치 여행 가방처럼 사람의 심리적 꾸러미의 일부를 늘 따라다닐 수 있다. 이것이 자존감이다.

특정 요구들이 채워지지 않으면 버리겠다든지 애정을 거두겠다는 등의 위협으로 부모-자녀 관계가 왜곡되면, 의존하며 매달리는 행동 유형 혹은 초연하게 물러나는 행동 유형이 나타날 수 있다. 실제로 분리가 발생하면 "그들이 나를 떠났으니 나는 아무 쓸모없다"는 식의 내면화 과정이 일어난다. 적극적 학대가 발생하면 아이들은 "그들이 내게 상처를 준다. 내 잘못임에 틀림없다"고 말하기 일쑤다. 이런 관계로부터 따라나오는 심리적 꾸러미는 약하거나 낮은 자존감이다.

보울비의 설명은 따라서 이런 식으로 해석될 수 있다. **자존감이란 사람들이 안전 또는 분리의 정도를 경험하는 한 방식이다.**

애착 행동은 문화와 상관없이 온 인류에 보편적인 것으로 보인다. 그것은 고등 동물에게도 해당된다. 따라서 이것은, 앞서 말했듯

특정 사회와 역사적 정황에 있는 일부 사람들에게 국한된 자존감보다 훨씬 더 계통 발생적으로 기초적이고 보편적인 것이다. 자존감과 성격 기능(또는 정신 건강) 사이에 모종의 연관성이 있어 보인다 해서 반드시 하나가 다른 하나의 원인이라는 뜻은 아니다. 둘 모두의 원인이 되는 제3의 요인이 있을 수도 있다. 그리고 이 제3의 요인이 분리일 수 있다.

안전하고 안정된 애착이 형성되면 우리는 비로소 손을 놓기 시작할 수 있다. 타인들에 대한 편안한 느낌은 자신에 대한 안전감으로 변화된다. 그것이 잘 안 되면 분리 불안, 유기, 거부의 경험이 잠재적으로든 실제로든 우리를 에워싸게 된다. 우리는 의존적 관계를 발전시키거나, 출세나 소유에 과잉 투자(숭배)하거나, 모든 위협적 상황을 거부하거나, 자아에 몰두함으로써 거기에 거리를 두려 할 수 있다. "거울을 충분히 들여다보면 내가 혼자라는 사실에 부딪히지 않아도 된다." 이런 전략은 약한 자존감이나 과잉 보호된 자존감 혹은 극도로 낮은 자존감의 반영이다.

논의를 마치기 전에, 보울비가 말한 최적의 양육에 대한 오해를 방지하는 것이 중요하다. 부모-자녀 관계란 꼭 **완벽할** 필요는 없다. **충족**하기만 하면 된다. 이것은 그의 동료 정신과 의사 도널드 위니코트(Donald Winnicott)의 '충분한' 엄마 이론과 맞아떨어진다. 부모가 자녀에게 항상 최적의 방식으로 행동하지 않는 한, 자녀의 향후 인생에 심리 장애의 기초를 놓는 것이라는 말은 해롭다고 볼 수 있다. 우리는 자신의 모든 문제를 부모 탓으로 돌리는 덫에 걸려서는 안 되며 마찬가지로 완벽한 부모가 되지 못하는 인간적 한계로 인해 자신을 질책해서도 안 된다.

이제 앞서 제1장에서 말한 바 자존감이 도출되는 네 영역 또는 네 부문으로 다시 돌아가자. 네 가지 모두 애착 및 분리와 연관된다.

혈통은 분명 부모 및 가족 유대와 연관된다.

타인의 사랑은 애착의 다른 이름이다.

역할 수행은 애착과 분리 회피에 이르러 타인의 사랑을 얻거나 그것을 지키는 한 방법이다.

영원한 의미는 분명 궁극적 분리인 죽음에 항거하는 길이다. 자신의 일부를 뒤에 남는 사람들에게 전수함으로 영원한 애착이라는 인상이 창출될 수 있다.

애착 이론은 특성상 다분히 생물학적이며 진화적이다. 애착 행동의 생존 가치는 논란의 여지가 없다. 그러나 그것은 특히 그리스도인에게 깊은 흥미와 풍부한 의미를 준다. 창조 세계는 불완전하게나마 창조주를 반영하고 있기에 우리는 인간 관계가 하나님과의 관계라는 측면들로 이어질 것을 기대할 수 있다. 여기서 탐색해 볼 가장 분명한 영역은 성경이 하나님에 대해 제시하는 아버지 이미지(그리고 그보다 정도는 낮지만 어머니 이미지)다. 예컨대 창조 기사에 보면 하나님이 아담을 지으신 후 처음 하신 말씀은 "사람의 독처하는 것이 좋지 못하니"(창 2:18)였다(창조 세계에 대해 최초로 좋지 않다고 한 것이 홀로 있는 아담의 모습이라니 흥미롭다).

성경 기사에 의하면, 이상적으로 따뜻하고 지속적이고 친밀한 양육 관계 속에서 자란 성인은 결혼이라는 애착을 통해 또 다른 그런 관계에 들어갈 수 있다. 성행위 자체가 신체적 애착을 형성한다. "이러므로 남자가 부모를 떠나 그 아내와 연합하여 둘이 한 몸을 이룰지로다"(창 2:24). 결혼이라는 것은 힘들 때 위로자가 되어 주고, 언제고 달려갈 수 있는 무조건적인 안전 기지로서 배우자의 중대한 역할을 부각시켜 준다.

심리 치료 관계에서의 양육 측면

제1장에서 칼 로저스의 심리 치료 접근을 간략히 소개했다. 그것은 애착 이론에 비추어 흥미로운 점이 있다. 「인간이 된다는 것」(On Becoming a Person)에서 칼 로저스는 심리적 도움을 받으러 오는 모든 사람에게 영향을 미치는 한 가지 기본 문제를 짚어 낸다. 그들은 묻는다. "나는 **정말** 누구인가? 내 모든 표면 행동 밑의 참 자아를 나는 어떻게 만날 수 있는가? 나는 어떻게 나 자신이 될 수 있는가?"

로저스의 내담자 중심 치료는, 치료자가 내담자의 '자기 발견'을 격려해 주는 분위기를 만든다. 이 때 치료자는 그 발견의 특성에 관해 내담자에게 특별히 지시하지 않는다. 다시 말해 '참 자아'가 무엇이라든지 어떠해야 한다고 정해 주는 것을 일부러 피하고 내담자 스스로 정립할 수 있게 해주는 **비지시적** 접근을 택한다. 이것은 이 장 앞 부분에 소개한 인지행동 치료자의 좀더 지시적인 접근과 대조를 이룬다.

내담자 중심의 치료자는 내담자가 참 자아를 **알고** 결국 그 참 자아를 **좋아하게** 되도록 돕는 데 주력한다. 이 과정이 성공리에 이루어지면 내담자의 극적 변화를 관찰할 수 있다는 것이 그들의 주장이다.

> 개인은 좀더 통합되며 효율성이 높아진다.…자신에 대한 지각이 바뀌어 자아관이 더 현실성을 띤다. 그는 자기가 되고 싶어하는 사람에 더 가까워진다. 자신을 더 높게 평가한다.…그는 남들을 자신과 좀더 비슷한 존재로 보며, 남들을 향해 더 수용적인 태도를 갖게 된다(On Becoming a Person, 1961, p. 36).

이러한 자기 발견과 자기 수용의 여정이 일어나는 정황이 매우 중요하다. 치료적 **관계**가 절대적으로 필요하다. 훌륭한 치료자의 특징은 **따뜻함**, **정확한 공감**, **진실성**, 내담자에 대한 **무조건적 긍정적 관심**이다. 다시 말해 치료자는,

- 내담자와 함께, 내담자를 위해 느끼려 해야 한다.
- 애정을 보여야 한다.
- 솔직하고 정직해야 한다.
- 비판 없이 수용해야 한다.

치료자의 이런 특성은 좋은 결과와 상관 관계가 있음이 실험을 통해 밝혀졌다. 독자들은 이런 특성이 훌륭한 양육 관계의 특징인 따뜻함, 지속성, 친밀감과 거의 일치함을 인식했을 것이다. 사실 로저스에 따르면, 내담자는 치료중에 우선 자기 자신을 향한 치료자의 긍정적 감정을 인정할 수 있게 되고 그 후 대개 얼마간 어려움과 저항을 거친 뒤 비로소 "나는 남들이 좋아할 만한 존재다"라고 인정할 수 있게 된다. 이렇듯 치료 관계가 최적의 양육 관계로서 기능하는 것이다. "나는 남이 나를 사랑한다는 것을 받아들일 수 있고, 그 사랑을 내 안에 온전히 수용할 수 있다. 그것을 통해 내가 남들을 아주 깊이 사랑한다는 사실을 알게 된다"(p. 86).

로저스가 설명하는 자기 이해와, 우리 두 저자가 분리와 안전의 관점에서 설명하는 자존감 사이의 연관성은 매우 직접적이다. 그러나 현실적으로 문제가 없는 것은 아니다. 로저스의 접근에는 도덕(즉 의무와 당위 등 규칙을 지키는 일)을 버리는 것이 수반된다. 의무나 당위의 개념은 자기 발견을 방해하는 것으로 간주된다. 내담

자는 자기 스스로 판단자가 되기 위해 남들의 의견을 일부러, 계획적으로 무시한다. "내 방식대로 했다"(프랭크 시나트라의 노래 "My Way"의 가사 중 "I did it my way")에 그 태도가 압축되어 있다. 건강한 적응의 궁극적 척도는 자율이다. 자율과 독립은 자존감의 이유로까지 통할 수 있다. 치료자는 내담자 스스로 책임지고 자기 삶의 길을 찾도록 격려하고 세워 준다. 무엇보다 중요하게, 모든 인본주의 이론이 주장하는 것은 "인간 본성의 가장 깊은 핵심은…긍정적…진취적, 합리적, 현실적"이라는 것이다. 다시 말해 인간은 선하며 자기 수양의 역량을 품고 있다는 것이 그들의 전제다.

여기서 그리스도인은 지금까지 살펴본 인간 행동에 대한 세속적 입장과 충돌한다. 세속적 입장은 인간의 심리적 고통을 이해하고, 더 중요하게는, 그것을 덜어 주는 방법에 대한 귀중한 통찰을 제시한다. 어떤 면에서 그런 통찰은 성경에 나와 있는 기독교적 이해를 암시하기도 한다. 그러나 별 문제 없이 하나님의 존재를 수용하는 이론들이 있는가 하면, 정신병리학과 인간 고통의 원인을 하나님을 믿는 신앙(그리고 그와 관련된 죄책감과 두려움의 개념) 탓으로 돌리는 이론들도 있다. 죄의 실체를 인정하는 이론은 전무하다. 다음 장에서는 이 충돌을 좀더 상세히 살펴볼 것이다.

4. 자존감: 기독교적 접근을 찾아

그리스도인들도 일반인들처럼 자존감에 관심을 갖는 것은 당연한 일이다. 이것은 단순히 통상적인 세계관에 대한 반응이 아니다. 복음은 그 자체로 자존감 개념과 직결된 일련의 근본 이슈들을 다루고 있다. 바로 이해하건대, 복음은 먼저 자존감에 대한 관심을 불러일으킨 뒤 이 개념에 대한 우리의 반응을 책임감 있는 기독교 고유의 방식으로 형성해 준다.

자존감에 대한 기독교 고유의 접근은 세속적 접근들의 일부 측면을 인정하되 다른 측면들은 철저히 비판한다. 그리스도인들은 이 이슈에 대한 세상의 이해를 무비판적으로 거부해서도 안 되고 인정해서도 안 된다. 예를 들어, 본서의 어떤 내용도 일반 치료 기법들이 전적으로 무가치하다는 의미로 받아들여서는 안 된다. 그 속에 담긴 진실한 통찰들은 비록 한계가 있을지라도 일반 은혜(즉 바울이 로마서 1-2장과 사도행전 17장에 말한 대로 하나님이 자연 세계와 인간 가치관을 통해 부분적으로 자신을 알리시는 것)의 산물로 볼 수 있다. 덧붙여, 서구 세속 문화의 많은 개념들은 무의식중에 기독교적 사상과 가치관의 영향을 입었다. 세속적 정황에서 발생한 것처럼 보이는 일부 사상도 실은 유대-기독교 전통에 기원을 두고 있다.

또 그 배후에 있는 심리학적·철학적 이론의 모든 잔가지를 반드시 수용하지 않고도 얼마든지 특정 심리 치료의 장점을 인정하는 것이 가능하다. 기법과 이론의 관계는 때로 생각보다 훨씬 느슨하다. 특정 치료법(의학적인 것이든 심리적인 것이든)의 효과가 밝혀진다 해서 그것의 기초가 된 이론이 정당화되는 것은 아니다. 치료법이 성공하는 데는 언제나 다른 설명이 있을 수 있다. 예컨대 전통적 약초 요법은 한때 '체액'(과거에 인체 건강의 요인이라 여긴 몸의 4대 액체)에 영향을 미치는 것으로 생각되었으나 그 개념은 더이상 심각하게 취급되지 않고 있다. 그럼에도 약초 요법은 종종 효능을 발휘했다.

그렇기 때문에 그리스도인들은 주류 심리학의 접근들과 조우하고 그 도움을 구하는 것을 피해서는 안 된다. 이런 접근들 가운데 일부(예컨대 인지행동 치료)는 어떤 부분에서 효과가 있는 것 같다. 유익하다고 입증된 기법도 인간 본성에 대해 결함이 있는 이해에 일부 기초하고 있을 수 있다. 그럼에도 불구하고 그리스도인들은 그 기초가 되는 일부 정신적인 가정들에 대해서 비판적 자세를 지키면서도 실제적 차원에서 여전히 혜택을 누릴 수 있다.

이런 비판은 기독교 복음과 세상의 자존감 이해 사이의 네 가지 주요 긴장 영역에 적용될 필요가 있다.

- 죄의 실체
- 우리 자신을 잃어버려야 한다는 그리스도의 명령
- 절대 도덕에 대한 기독교의 강조
- 인간의 성취가 아닌 하나님의 은혜로 인한 구원 교리

죄의 실체

주님, 제 말을 들으십니까?

저는 말할 수 없이 괴롭습니다. 제 안에 갇혀

자신의 포로가 되어

제 목소리밖에 들리지 않고 제 자신밖에 보이지 않으며

제 뒤에는 고통밖에 없습니다. 주님, 제 말을 들으십니까?

저를 제 몸에서 구해 주소서. 몸은 오로지 배고파하기만 하면서,

만족할 줄 모르는 욕구를 달래려 수천 개의 촉수를 내밀고 있습니다.

주님, 제 말을 들으십니까?

저를 제 마음에서 구해 주소서. 사랑으로 넘치는 것 같지만

사랑의 대상을 통해 제가 사랑하는 것이 정작 저 자신임을 깨닫고

분노합니다. 주님, 제 말을 들으십니까?

저를 제 생각에서 구해 주소서. 자기 뜻, 자기 의견, 자기 자신뿐입니다.

자기 외에 언어가 가 닿는 곳이 없기에 대화도 불가능합니다.

저 홀로 무료합니다, 불안합니다,

제 자신이 싫습니다,

제 자신이 넌더리가 납니다.

병상의 열병 환자처럼 제 속에서 뒤척이기를

얼마나 오래인지 모릅니다.

모든 것이 어둡고 흉하고 끔찍해 보입니다.

제 자신을 통해서만 볼 수 있기 때문입니다.

사람들과 온 세상을 당장이라도 미워할 수 있습니다.

그들을 사랑하지 못하는 제 자신에 실망했기 때문입니다.

벗어나고 싶습니다,

딴 세상으로 걷고 뛰고 싶습니다.

저는 기쁨이 존재함을 압니다, 노래하는 얼굴들에서 보았습니다.

빛이 존재함을 압니다, 빛나는 눈들 속에서 보았습니다.

그러나 주님, 제 감옥을 사랑도 하고 미워도 하기에 저는 벗어날 수 없습니다.

제 감옥은 제 자신인 까닭입니다.

그리고 저는 제 자신을 사랑합니다, 주님.

자신을 사랑하기도 하고 혐오하기도 합니다.

주님, 더 이상 제 자신의 문을 못 찾겠습니다. 눈먼 자처럼 더듬고,

제 자신의 벽과 제 자신의 담을 두드립니다.

제가 저를 상하게 합니다, 저는 괴롭습니다,

너무도 괴롭습니다, 아무도 모릅니다, 아무도 들어온 적이 없기 때문입니다.

저는 혼자, 철저히 혼자입니다.

주님, 주님, 제 말을 들으십니까? 주님, 제 문을 보여 주소서.

제 손을 잡아 주소서. 문을 열어 주시고

제게 길을 보여 주소서.

기쁨으로, 빛으로 이어지는 길을…

그러나…

그러나 주님, 제 말을 들으십니까?

아들아, 내가 네 말을 들었다. 너로 인해 가슴아프다.

나는 네 닫힌 덧문을 오래오래 보고 있었다.

열어라, 내 빛이 들어갈 것이다.

나는 네 잠긴 문 앞에 오래오래 서 있었다. 열어라,

문간에 내가 있을 것이다.

나는 너를 기다리고 있다, 다른 사람들도 너를 기다리고 있다,

그러나 네가 열어야 한다,

네가 나와야 한다.

어쩌자고 스스로 포로가 되려느냐? 너는 자유롭다.

문을 잠근 것도 내가 아니고, 문을 열 수 있는 자도 내가 아니다.…

줄기차게 단단히 빗장을 질러두는 자는 안에 있는 너인 까닭이다.

―미쉘 쿠오이스트(Michel Quoist), "주님, 제 말을 들으십니까?"(Lord, do you hear me?)

죄는 인간이 하나님처럼 되려는 갈망이요 인간의 한계를 인정하지 않는 것이다(창 3장). 인류가 자신이 피조물이라는 사실을 받아들이지 않고 하나님인 양 행동하려 한다는 점에서 죄는 반역과 불순종이라고 볼 수 있다. 죄는 서구 사회에서 극히 반문화적인 개념이다. 그러나 무시하거나 대충 지나갈 수 없을 정도로 죄가 인성에 깊이 박혀 있다는 것이 성경의 시각이다. "만일 우리가 죄 없다 하면 스스로 속이고 또 진리가 우리 속에 있지 아니할 것이요"(요일 1:8).

죄에는 객관적 측면과 주관적 측면이 있다. 죄는 우리와 하나님의 관계를 손상시키고 왜곡시킬 뿐 아니라 하나님과 자아에 대한 시각을 심각하게 틀어놓는다. 우리가 하나님과 분리된 것처럼 **느끼는** 것은 실제로 하나님과 **분리되어 있기** 때문이다. 우리가 하나님 앞에서 죄책감을 **느끼는** 것은 실제로 그분 보시기에 **죄가 있기** 때문이다. 자신에게 죄가 있음을 인정하는 것은 자신을 하나님의 시각에서 즉 용서와 구속이 필요한 자, 자아와 상황과 정체성에 대한 판단이 왜곡된 자로 본다는 것이다.

이런 개념은 성경 전체에서 그리고 성경의 자료로 빚어진 위대한 기독교 전통 전체에서 볼 수 있다. 죄는 우선 우리와 하나님의 관계에 영향을 미치고 그 결과 하나님과의 관계와 자아에 대한 우리의 시각에 영향을 미치는 다면적 실체다. 죄는 내 길로 가고, 내 일을 하고, 내 기준대로 판단하려는 마음이다(창 3장). 그러므로 매사를 하나님의 관점에서 봄으로써 이러한 인간 중심 시각에 도전하는 것이 꼭 필요하다. 인간 본성과 가치에 대한 무비판적 긍정에 기초한 자기 가치 개념들은 인간 본성과 정체성과 운명에 대한 이해가 하나님께 근거해야 한다는 기독교의 요구와 양립할 수 없다. 죄가 우리에게 문제가 되는 것은 그것이 하나님께 문제가 되기 때문이다. 죄를 부인하거나 그것을 그저 자기 실현의 결핍 정도로 취급한다고 그 어려움이 해결될 수는 없다. 죄는 하나님 쪽에서의 용서와 치유와 회복을 필요로 한다. 용서와 소생의 과정은 우리 힘으로 시작할 수 없고 오직 하나님만이 하실 수 있는 일이다. 기독교 복음에서 한없이 경이로운 것 중 하나는 하나님이 정말 그 일을 하셨다는 선포와, 죄에 대한 하나님의 놀라운 개입이 그리스도의 십자가를 통해 이루어진다는 선포다.

앞서 강조한 것처럼 죄는 우리와 하나님의 관계에 영향을 미쳐 우리를 그분의 임재와 능력에서 분리시킨다. 우리가 하나님과 분리된 결과 죄는 인간의 사고와 행동에 심각한 영향을 미친다. 인간적인 경험에서 죄의 흔적을 찾으려는 자들은 굳이 멀리서 확증을 찾을 필요가 없다. 나치즘과 스탈린주의, 좀더 최근에는 아프리카와 유럽 일부에서 있었던 인종 학살 사건들은 한 집단의 인간이 다른 집단의 열등함을 맹신하여 그들을 고의로 전멸시키려 한 산 증거다. 교육받은 인간들은 흔히 물질적 사욕을 좇아 지구에 심각한 해를 입혀 왔다. 인간 문명과 기술의 진보를 주장하는 목소리에도 불구하고, 전쟁과 착취 그리고 인종이나 성에 근거한 집단의 배척은 현대 세계에서 그칠 줄 모른다.

그러나 사회의 행동은 개개 구성원들의 본성의 산물이다. 죄 있는 사회는 죄 있는 개인들로 구성된다. 리처드 도킨스(Richard Dawkins)가 진화론의 측면들을 탐색한 의미심장한 제목의 책 「이기적 유전자」(*The Selfish Gene*, 을유문화사 역간)에서 지적했듯이 인간의 의식에는 자기만 생각하는 성향이 있다. 사람들의 행동은 사욕 또는 확대된 사욕에서 비롯된다. 분명한 예로 도킨스는 사람들이 기꺼이 자기 자식을 위해 행동하는 것도 순수한 이타주의라기보다는 자기 유전자를 지키고 미래 세대의 유전자 집합에서 자기 생존을 확보하기 위해 진화론적으로 결정된 방식이라고 주장한다.

그러나 앞서 인용한 기도문에 표현된 대로 사람들은 바로 그런 상황에 몹시 불편해할 때가 많다. 그들은 그런 이기심에서 벗어난 존재 양식을 동경한다. 죄책감과 자기 비판의 주제는 종종 그런 개인적 고뇌의 일부로 등장한다.

일반 치료자들은 이것을 무시하거나 반박하여 죄책감 개념을 전적으로 거부하는 경우가 비일비재하다. 특히 인지 치료와 내담자 중심 치료는 책임이나 죄책 그리고 그와 관련된 회개라는 중요한 개념을 거부함으로써, 인간 상황의 인격적 또는 개인적 도덕성 차원의 부정적 측면을 극소화하는 것으로 보인다. 그래서 인지 치료는 합리적 사고를 정신 건강의 핵심 요인으로 가정한다. 그러나 영국의 신학자요 대주교인 윌리엄 템플(William Temple, 1881-1944)은 인간 본성에 대한 그런 정당성 없는 가정을 일축했다. 그는 인간을 교육하여 그들을 일으켜 세우고 지평을 넓혀 줄 수 있지만, 그들의 자기 중심성만은 그대로 있다고 주장했다. 그들은 더 멀리 보게 될지 모르지만 생각은 여전히 자기의 이기적 필요와 욕구에 집중한다. 자기의 목표를 위해 합리성을 동원한다. 그러므로 합리적이 된다고 해서 인간의 부도덕이 해결되는 것은 아니다. 많은 경우 오히려 타인에게 미칠 영향 따위에 개의치 않고 더 능숙하게 자기 도모를 추구하고 자기 목표를 성취할 수 있게 된다. 죄악된 인간 상황의 가장 비참한 면 중 하나는 인간의 합리성이 세상 문제를 완화시키는 것 못지않게 권력과 물욕을 추구하는 데 조준될 수 있다는 것이다.

합리성이 중요하며 인간 행복에 중요한 역할을 한다는 점은 분명히 해야 한다. 그러나 비합리성은 인간이 처한 죄의 곤경 중 작은 단편에 지나지 않는다. 전적으로 합리적인 사람들도 비도덕적이고 이기적인 방식으로 행동할 수 있다.

칼 로저스가 개발한 치료 접근은 사람이 자신을 수용하면 심리적으로 건강한 인간이 된다는 관련된 가정에 기초하여 작용한다. 하지만 인간 본성에 정말 문제가 있다면 어쩔 것인가? 내담자에게 본질상 수용 불가한 것을 수용하도록 요구하는 것이라면 어쩔 것인가? 인종 말살을 꾀한 나치 수용소 사령관이 자신이 행하고 보고 명령한 모든 것에 비추어 정말 자신을 수용할 수 있다고 진지하게 믿을 수 있겠는가? 기독교적 관점은 진실한 슬픔과 뉘우침에서 비롯되는 **회개**야말로 진정한 자기 수용의 필수 요소라는 것이다.

그러나 상담과 심리학에 대한 세속 접근법들에서 회개의 역할은 찾아보기 힘들다. 회개는 무익하거나 받아들일 수 없는 개념으로 간주될 때가 많다. 그래서 그런 입장은 인간에게서, 자신의 과거가 해결되고 용서되었음을 알고 과거에 온전히 대응할 수 있는 가능성을 차단시킨다.

인간 본성에 대한 성경적 견해를 다루다 보면 우리는 참신하고

도 직선적인 사실주의와 마주친다. 인류는 죄인이다. 인간은 죄로 인해 하나님과 분리되었다. "오직 너희 죄악이 너희와 너희 하나님 사이를 내었고 너희 죄가 그 얼굴을 가리워서"(사 59:2).

성경에서 우리는 하나님과의 분리라는 이 주제를 보여 주는 세 가지 이미지를 살펴볼 수 있다.

첫째, 인간은 **하나님에게서 소외되었다**. 바울은 독자들에게 그들이 한때 "그리스도 밖에 있었고 이스라엘 나라 밖의 사람이라 약속의 언약들에 대하여 외인이요 세상에 소망이 없고 하나님도 없는 자"(엡 2:12)였음을 일깨운다. 죄는 하나님과의 전쟁 상태와 같다(엡 2:14-16). 그러나 그 적대 관계는 해결될 수 있다. 그리스도는 우리와 하나님 사이의 적대 관계를 허무셨다는 점에서 우리의 화평이시다. 그분은 우리의 소외를 폐하시고자 우리와 하나님이 화목케 되는 길을 여셨다(고후 5:19). 그리스도를 통해 우리는 하나님과의 교제를 회복한다.

둘째, 인간은 **낙원에서 추방당했다**. 죄로 말미암아 아담과 하와는 에덴에서 쫓겨났다(창 3:24). 에덴으로 돌아갈 길은 없다. 그룹들과 화염검이 길을 막고 있다. 이것은 하나님과 인류의 분리를 보여 주는 강력한 이미지다. 죄는 우리와 낙원 사이의, 그리고 우리를 그곳에 거하도록 지으신 하나님 사이의 벽이다. 우리는 외롭게 고립되어 지면을 방황하는 "외인과 손"(엡 2:19)이 되었다. 그러나 믿음을 통해 우리는 하나님 백성의 공동체에 들어간다. 그리스도를 통해 우리는 이제 "성도들과 동일한 시민이요 하나님의 권속"(엡 2:19)이다. 구원이 어떻게 하나님과의 교제를 회복하는 것으로 이해되는지 다시금 주목하라. 분리의 장벽은 극복되고 제거되었다. 그래서 천국은 하나님의 임재에 대한 우리의 궁극적이고도 영원한 회복이라 볼 수 있다.

중요한 관련 개념은 **거부**라는 것이다. 아담과 하와가 에덴에서 추방된 것은 하나님이 그들을 거부하셨다는 사실의 한 단면이다. 죄로 인해 그들은 하나님의 임재와 그분이 뜻하신 복에 대한 접근으로부터 거부되었다. 죄는 우리를 하나님과의 교제에서 차단시킨다. 이것은 인간이 하나님을 찾을 능력이 없어서 생기는 문제가 아니다. 이것은 불순종, 즉 하나님을 거부하겠다는 결정의 결과다. 상황이 바뀌어 교제가 회복되려면 하나님이 그분이 거부하신 자들을 받아들이실 수 있어야만 한다. 여기서 **화해** 개념의 중요성이 다시금 부각된다. 십자가에서 그리스도가 죽으신 구원의 죽음을 통해 하나님은 한때 받아들여질 수 없던 자들을 받아들이시고 멀리 있던 자들을 가까이 오게 하신다.

셋째, 인간은 **자기 길로 갔다**. "우리는 다 양 같아서 그릇 행하여 각기 제 길로 갔거늘"(사 53:6). 자기 길로 가기로 선택한다는 것은 필연적으로 하나님의 길과 하나님 그분을 떠난다는 것을 의미한다. 자율성에 대한 욕구 때문에 우리는 자기가 택한 길을 감으로써 자신을 창조하신 하나님과 멀어진다. 예수님의 가장 인상적인 비유 중 하나는 자기 길로 가기로 마음먹은 한 아들에 대한 이야기일 것이다(눅 15:11-24). 자기 길로 간 그 행위는 아들이 아버지의 뜻과 의중을 무시하고 아버지의 면전을 떠나기로 결정했음을 뜻한다. 결국 아들은 자기 행동을 깊이 뉘우치며 아버지와 함께 있는 상황이 회복되기를 동경한다. 이 아들이 아버지와의 교제를 회복한다는 사연은 성경에서 가장 감동적이고 호소력 있는 이야기 중 하나다. 이런 맥락에 있는 중요성은 분명하다. 자기 길로 간다는 것은 하나님을 떠나 그분과 분리된다는 뜻이다.

성경의 이런 죄 이미지들을 통해 우리는 죄의 핵심 결과가 **신체적·인격적·도덕적** 차원에서 하나님과의 분리라는 이해에 도달한다. **신체적 차원**에서 우리는 죽음을 통해 하나님과 끊어지며, 이것은 죄의 필연적 단면이다. 우리는 믿음을 통해 다시는 하나님과의 분리를 경험하지 않는 영생을 보장받는다. "죄의 삯은 사망이요 하나님의 은사는 그리스도 예수 우리 주 안에 있는 영생이니라"(롬 6:23). **인격적 차원**에서 우리와 하나님의 사랑과 신뢰의 관계는 망가졌다. **도덕적 차원**에서 우리는 더 이상 하나님 앞에 떳떳하지 못하다. 성경에는 이것이 하나님의 거룩함과 의에 대비되는 우리의 불의의 차원으로 표현되어 있다. "오직 만군의 여호와는 공평하므로 높임을 받으시며 거룩하신 하나님은 의로우시므로 거룩하다 함을 받으시리니"(사 5:16). 의의 개념의 중요성과 의와 자존감의 관계는 다음 장에서 논할 것이다.

많은 일반 치료자들의 천성적 낙관론과 미국의 저자 라인홀드 니버(Reinhold Niebuhr, 1892-1971)가 말한 '기독교 사실주의' 사이에는 분명 엄연한 긴장이 존재한다. 이 사실주의는 인간의 죄를 무시하려는 자들의 착각에 맞서 죄의 실체성과 심각성을 인정한다. 이런 맥락에서 중요하게 볼 대목이 있다. 우울한 사람들이 실은 '정상인'들보다 상황을 **더** 사실적으로 파악하고 있는 것일 수 있다는 증거가 있는데, 즉 후자의 정신 건강은 어느 정도 낙관적 편견의 보호를 받고 있다는 사실이다.

자존감에 대한 책임감 있는 기독교적 접근은 죄라는 엄연한 사실에 푹 젖어야 한다. 세속 치료법들은 죄의 개념을 '무익하게' 볼지 모르지만 죄가 **사실**이라면 그것은 인간 실상에 대한 책임감 있고 믿을 만한 평가로서 절대 무시될 수 없다.

자기 자신을 잃어버리라는 그리스도의 명령

긴장의 두 번째 영역은 그리스도가 강조하신 자기 부인이라는 개념에 나타난다. 신약 성경의 이 주요 주제는 가톨릭과 복음주의를 막론하고 거룩함에 대한 모든 기독교적 사고에서 핵심 역할을 한다. 자존감에 대한 모든 논의에서 자기 부인에 상당한 무게를 두어야 할 정도로 그것은 중요하다. "무릇 자기 목숨을 보존하고자 하는 자는 잃을 것이요 잃는 자는 살리라"(눅 17:33). 성경은 삶을 얻기 위해 삶을 버리라고 말한다. 우리는 종의 도, 겸손, 순종 그리고 내 것이 아닌 뜻으로 부름받았다. 우리는 자기 운명을 지배하려는 시도를 그만두고 대신 자신을 하나님의 뜻에 맡겨야 한다(눅 22:42). 이렇듯 우리는 로저스와 여타 학자들이 그토록 떠받드는 자율을 버리도록 부름받았다.

여기서 창세기 3장에 나오는 '원죄'의 본질을 생각해 보자. 아담과 하와가 하나님께 반역한 유명한 사연의 배후에는 자기 충족이라는 주제가 깔려 있다. "너희가 이 나무 열매를 먹으면 하나님처럼 되어 옳고 그름을 스스로 결정할 수 있고 하나님 없이 너희 삶을 다스릴 수 있다." 타락한 인간 본성의 기본 특성은 자율에 대한 욕망 즉 자기 충족이라는 우상에 대한 열렬한 추구다. 많은 사람들이 어머니의 무릎에서부터, 의존은 어떤 형태든 건강하지 못하고 해로운 것이라고 배운다. 이런 태도는 개인의 성공을 강조하는 현대 서구 사회의 압박으로 한층 강화된다.

한편 자신을 잃는다는 기독교적 개념은 자아가 비인격적 우주 속에 녹아든다는 불교의 개념과 하등 무관함을 분명히 해야 한다. 복음의 핵심은 자유와 자율에 대한 두 가지 상반 개념과 관련된 것이다. 두 개념을 다음과 같이 정리할 수 있다.

첫째, **내 영혼의 주인은 나**라는 입장이다. 자신이 쓸데없이 장애물을 놓아 자율을 가로막지 않는 한, 그 무엇도 우리 자유를 침범할 수 없다. 역사적으로 이 접근은 인간의 전적인 자유와 책임을 강조한 4세기 저자 펠라기우스(Pelagius)의 이름을 따 통상 펠라기우스주의로 불린다.

둘째, **우리의 본성적 자유는 가짜 자율**이라는 입장이다. 자율은 죄로 훼손됐다. 그것은 우리 자유에 심각한 제약을 가하지만 인간은 그 제약을 대체로 인식하지 못한다. 우리는 자신이 자유롭다는 착각하에 움직이지만 사실 우리는 속박되어 있다. 이 입장은 펠라기우스의 가장 예리하고 통찰력 있는 비판자였던 히포의 어거스틴(Augustine of Hippo)과 연계된다.

어거스틴은 자신을 얻기 위해 자신을 잃어야 한다는 그리스도의 요구에 펠라기우스보다 훨씬 근접해 있다. 우리는 자신의 타락한 본성적 자유, 자신이 모르고 있을지라도 죄로 물들고 오염된 자유를 버려야 한다. 어거스틴이 강조한 것처럼 이 '자유'는 사실상 죄에 복종하는 자유일 뿐이며 인간의 죄성에 갇혀 있다. 그 자리에 우리는 죄의 속박에서 해방될 때만 가능한 참 자유를—선물로—받아야 한다. 그리스도인 저자들은 언제나 기독교의 순종이라는 핵심적 역설을 인식해 왔다. 즉 하나님을 섬길 때만 완전한 자유가 있고, 하나님의 종이 될 때만 우리는 자유로운 사람이 된다.

이 주제는 성경 전체에 나타난다. 좋은 예로, 성경은 우리에게 인생을 물리적 죽음으로 끝날 수밖에 없는 생물학적 실존으로만 보는 거짓 인생관을 버리라고 한다. 그런 후에야 우리는 새 **생명**, 즉 **영생**을 받을 수 있다. 그것만이 "본연의 충만한 생명"(요 10:10, Revised English Bible)이다. 우리는 실체를 얻기 위해 그림자를 잃는다. 항구적이고 영원한 것을 얻고자 잠깐 있는 일시적인 것을 잃는다.

성경은 우리의 타락한 본성적 자유를 재미있게도 양떼의 자유에 비유한다. 죄인은 자주 양에 비견되는데, 양은 운 좋게 자상한 목자의 돌봄을 받지 못한다면 철저히 무력하다(시 23편; 눅 15:3-7; 요 10:1-15). 양에게는 자율이 있다. 그러나 자유를 구사한답시고 기껏 하는 일이란 길을 잃고 위험에 빠지는 것이다. 사실 성경은 완전히 길을 잃고 방황하는 백성을 목자 없는 양의 이미지로 묘사한다(슥 10:2; 막 6:34). 자유는 삶에 대처할 능력을 보장하지 않는다. 우리는 인도와 도움을 받아 죄의 압제에서 해방되어야 한다.

기독교 구원 교리의 경이가 충만하게 부각되는 것이 바로 이 대목일 것이다. 목자이신 그리스도는 양들을 살리려 자기 목숨을 버리신다. 그저 존재할 뿐인 우리에게 본연의 충만한 생명을 주시려 그리스도는 죽으신다. 그리스도는 우리를 살게 하시려 자원함으로 자기 목숨을 한쪽에 밀어놓으신다. 바울의 지적처럼 믿음의 가장 위대한 역설 중 하나는 죽는 자만이 죄에서 해방된다는 것이다(롬 6:7). 그러나 죄에 대해 죽을 때—즉 우리의 본성적 상태인 죄와 필멸성과 무상함에 대해 죽을 때—우리는 영생으로 다시 태어난다. 그러므로 우리는 자신을 "죄에 대하여는 죽은 자요 그리스도 예수 안에서 하나님을 대하여는 산 자"(롬 6:11)로 여겨야 한다.

인간은 자신의 실상에 의문을 제기할 필요가 없다는 것이 세속 접근들의 가정이다. 이 세상 영역을 넘어서는 것은 아무것도 구할 필요가 없다는 것이다. 그리스도인에게 필연적으로 이것은, 세속적인 치료법들에 의존하는 자들은 죄의 노예 상태를 벗어날 수 없음을 뜻한다. 역설적으로, 이런 접근들은 죄의 동맹 세력이 될 수 있다.

즉 애당초 속박이란 없다고 주장하여 우리를 죄의 족쇄에서 벗어나지 못하게 하기 때문이다. 기독교가 죄의 실체를 강조하는 것이 얼마나 중요한지가 다시금 분명해진다. 그리스도인이라면 누구도 인간의 처지에 대한 그런 얄팍한 평가에 만족하고 있을 수 없다.

절대적 도덕 기준에 대한 기독교의 강조

인지행동 치료와 내담자 중심 접근은 절대적 도덕 기준의 존재와 유용성을 부인한다. 이런 접근들은 높은 도덕적 절대 기준을 지향하는 것을 병적인 일로 본다. 대신 그들은 우리 기준을 '현실성 있고' '도달 가능하게' 낮춰야 한다는 주장을 편다. 완전함이란 도달 불가능한 것으로 전제된다. 따라서 완전해지려 애쓰는 것은 실망과 좌절만을 안겨 줄 수 있는 반면 좀더 도달 가능한 목표들을 실제로 성취하는 것은 성공 의식 – 자존감을 높여 주는 유익한 경험 – 을 준다.

그러나 그리스도는 아주 다른 접근을 취하신다. 마태복음의 산상수훈에서 예수님은 자신을 구약 율법(십계명에 배어 있는 절대 도덕에 의해 그 자체로 지지되고 있는)의 궁극적 성취로 묘사하신다. 이어 그분은 우리에게 "그러므로 하늘에 계신 너희 아버지의 온전하심과 같이 너희도 온전하라"(마 5:48)고 명하신다. 이 절대적 요구는 무시될 수 없다. 그리스도인들은 절대적 도덕 기준을 대충 만들어진 임의적, 실용적, 인간적 규칙이 아니라 오직 하나님이 제정하신 것으로 여겨야 한다. 거기에는 하나님의 성품과 그분이 지으신 세계에 대한 진실이 들어 있다. 그것은 단지 인간의 사회적 인습이 아니다.

기독교와 세속적 접근들 사이의 이 긴장 배후에는 엄연한 세계관의 차이가 있다. 세속 치료자들은 성공이 자존감을 높여 준다고 생각하며 성공을 칭송한다. 그러나 그리스도인들은 실패가 우리의 약점과 나약함을 깨우쳐 주고 우리의 자원과 능력보다 하나님의 은혜에 더 의지하게 해준다는 점에서 실패에 잠재적 가치가 더 있다고 본다.

  실패 경험의 이러한 변화 모형을 복음서 기사에 생생히 그려진 예수님과 베드로의 관계에서 볼 수 있다. 베드로는 상습적으로 실수를 연발하는 사람이다. 그는 충동적이고 논쟁적인 행동으로 수없이 문제를 자초한다(참고. 마 14:28-31; 막 8:31-33; 요 13:6-11; 18:10-11). 그의 인간적인 약점은 대제사장의 집에서 예수님을 세 번 부인할 때 절정에 달한다.

> 베드로가 바깥뜰에 앉았더니 한 비자가 나아와 가로되 "너도 갈릴리 사람 예수와 함께 있었도다" 하거늘 베드로가 모든 사람 앞에서 부인하여 가로되 "나는 네 말하는 것이 무엇인지 알지 못하겠노라" 하며 앞문까지 나아가니 다른 비자가 저를 보고 거기 있는 사람들에게 말하되 "이 사람은 나사렛 예수와 함께 있었도다" 하매 베드로가 맹세하고 또 부인하여 가로되 "내가 그 사람을 알지 못하노라" 하더라. 조금 후에 곁에 섰던 사람들이 나아와 베드로에게 이르되 "너도 진실로 그 당이라. 네 말소리가 너를 표명한다" 하거늘 저가 저주하며 맹세하여 가로되 "내가 그 사람을 알지 못하노라" 하니 닭이 곧 울더라. 이에 베드로가 예수의 말씀에 "닭 울기 전에 네가 세 번 나를 부인하리라" 하심이 생각나서 밖에 나가서 심히 통곡하니라(마 26:69-75).

베드로는 죄책감에 시달렸다. 요한의 기록을 보면 부활 후 예수님은 베드로가 그 죄책감을 좋은 취지로 활용할 수 있도록 세심하게 기회를 주신다. 예수님께 세 번 사랑을 고백하게 하신 것이다. 이것은 베드로 편에서 보면 본질상 회개 행위였는데, 그 후 예수님은 그를 더할 나위 없이 높여 그의 손에 교회를 맡기신다.

예수께서 시몬 베드로에게 이르시되 "요한의 아들 시몬아, 네가 이 사람들보다 나를 더 사랑하느냐?" 하시니 가로되 "주여, 그러하외다. 내가 주를 사랑하는 줄 주께서 아시나이다." 가라사대 "내 어린양을 먹이라" 하시고 또 두 번째 가라사대 "요한의 아들 시몬아, 네가 나를 사랑하느냐?" 하시니 가로되 "주여, 그러하외다. 내가 주를 사랑하는 줄 주께서 아시나이다." 가라사대 "내 양을 치라" 하시고 세 번째 가라사대 "요한의 아들 시몬아, 네가 나를 사랑하느냐?" 하시니 주께서 세 번째 "네가 나를 사랑하느냐?" 하시므로 베드로가 근심하여 가로되 "주여, 모든 것을 아시오매 내가 주를 사랑하는 줄을 주께서 아시나이다." 예수께서 가라사대 "내 양을 먹이라"(요 21:15-17).

이렇듯 그리스도인은 실패를 존중하고 실패를 통해 배울 수 있다. 세속 치료자들은 실패에 대해 다소 난색을 표하며, 모든 사람이 성공할 수 있도록 좀더 낮은 기준을 제시하는 패배주의적 태도를 취한다. 그러나 복음의 핵심에는, 하나님의 기준은 마음대로 버릴 수 있는 인간의 소소한 발명품이 아니라는 통찰이 담겨 있다. 세속 치료자들은 사실상 "처음에 성공하지 못하면 규칙을 바꾸라!"는 식으로 말할 수밖에 없다. 그리스도인들은 규칙을 원래대로 지킬 때 자신과 하나님에 대해 더 많은 것을 배울 수 있다고 확신 있게 말할 수 있다.

세상이 보기에 실패는 거부와 연결된다. 과제나 역할에 실패한다는 것은 중요한 타인들에게 거부당한다는 뜻이기 쉽다. 그러나 기독교적 관점은 완전히 다르다. 하나님의 사랑은 일견 실패한 행위로 보이는 그리스도의 죽음을 통해 알려졌다. 세상이 실패로 규정하는 것들을 하나님은 세상 가치관의 전복을 통해 변화시키신다. "그러나 하나님께서 세상의 미련한 것들을 택하사 지혜 있는 자들을 부끄럽게 하려 하시고 세상의 약한 것들을 택하사 강한 것들을 부끄럽게 하려 하시며 하나님께서 세상의 천한 것들과 멸시받는 것들과 없는 것들을 택하사 있는 것들을 폐하려 하시나니 이는 아무 육체라도 하나님 앞에서 자랑하지 못하게 하려 하심이라"(고전 1:27-29). 한마디로 하나님은 세상이 실패자라고 거부하고 멸시한 자들을 택하셨다(벧전 2:6-7).

신자들에게 죄가 지속되는 것과 관련된 몇 가지 이슈를 다음 장에서 살펴볼 것이다. 지금은 은혜의 교리로 잠시 시선을 돌리려 한다.

인간의 성취가 아닌 하나님의 은혜로 인한 구원

인간은 구원의 기초, 자신이나 하나님께 용인될 가능성의 기초를 자신의 행위나 성취에 둘 수 없다는 것이 종교개혁을 통해 재발견되었다. 부, 지위, 성취, 타인의 사랑, 혈통 같은 것들에 대한 예수님의 태도가 그 점을 분명히 해준다.

부. "낙타가 바늘귀로 들어가는 것이 부자가 하나님의 나라에 들어가는 것보다 쉬우니라"(마 19:24). 예수님은 부의 가치를 깎아내리시며, 부가 하나님 나라에 들어가는 것을 방해한다고 보신다. 돈은 그분이 인간을 평가하시는 데 영향을 주지 못한다.

명예. "모든 사람이 너희를 칭찬하면 화가 있도다"(눅 6:26). 예수님은 인간이 동료 인간에게 얻는 명예가 그 사람에 대한 하나님의 생각에 영향을 주지 못한다고 선포하신다.

소유. "어리석은 자여! 오늘밤에 네 영혼을 도로 찾으리니 그러면 네 예비한 것이 뉘 것이 되겠느냐 하셨으니 자기를 위하여 재물을 쌓아두고 하나님께 대하여 부요치 못한 자가 이와 같으니라"(눅 12:20-21). 소유를 축적하는 것은 세상 지위를 높여 줄지 모르나 하나님께는 아무 영향이 없다.

지혜. "지혜 있는 자가 어디 있느뇨? 선비가 어디 있느뇨? 이 세대에 변사가 어디 있느뇨? 하나님께서 이 세상의 지혜를 미련케 하신 것이 아니뇨?"(고전 1:20) 세상이 보기에 우리에게 지위를 가져다 주는 지혜도 하나님 눈에는 별 가치가 없다.

인지행동 모델(그리고 여타 관련된 심리 치료 접근들)은 외적 성취가 자존감을 높여 준다고 본다. 물론 단순히 성취로 사랑이나 인정을 사려고 하는 것이 불가능하지는 않더라도 잘못된 일이라는 사실을 이런 접근들도 인정하지만, 외적 성공의 지각은 그들에게 여전히 자존감의 필수 요소다. 충분한 역할 수행이 타인들의 수용과 관계가 **있다**는 점은 의심할 나위가 없다. 바로 그것이 우리에게 사회적 관계를 가능하게 해주기 때문이다.

예수님의 급진적인 접근은 이와 같은 성취에 대한 의존을 뒤흔드는데, 사실 그것은 성취에 대한 과잉 투자를 건강치 못한 것으로 보는 일부 세속 심리 치료 접근들(예를 들면, 융의 접근)에서도 나타난다. 그러나 이런 치료법들은 자존감의 거짓 원천을 버려야 한다고 주장하면서도 그 자리에 대신 들어설 것이 무엇인지는 말해 주지 않는다. 곧 보겠지만 복음은 이 빈 자리를 해결한다. 복음은 자존감과 관련하여 인간적인 성취가 하는 역할에 일관된 비판을 가할 뿐 아니라 자존감의 새로운 기초를 제시한다.

이 점에서 '행위에 의한 칭의'의 개념이 중요하다. 일부 유태인들은 모세 율법을 엄수함으로써 하나님께 용인될 수 있다고 생각하는 것 같은데, 이와 마찬가지로 현대의 많은 치료 접근들은 성공과 성취가 자기 수용의 기반이 될 수 있다고 가정한다. 용인 가능성─자신에게든 타인들의 눈에든─을 추구하는 것은 그런 용인이 적어도 부분적으로라도 충분한 역할 행위─좋은 엄마, 성공한 운동 선수, 창의적 예술가, 남들이 우러러볼 만한 사람이 되는 것─에 달려 있다는 신념을 바탕으로 진행될 때가 많다. 이것은 행위를 통한 칭의가 규정을 준수하거나 시험을 통과하는 것보다 더 미묘한 형태로 나타난 것이다. 그러나 수용─우리 눈에든 하나님 눈에든─이란 인간의 어떤 행위에도 의존할 수 없다는 것이 기독교 은혜 교리의 전체 요지다.

그렇다면 본서 앞 부분에서 검토한 연구 결과들을 우리는 어떻게 보아야 할까? 자기를 존중할 줄 모르는 것이야말로 다분히 인간 불행의 구심점인 듯 보이며, 그 극단적 표출이 자살과 자멸 행위다. 그리스도인들도 이 경험에서 예외가 아니다. 죄, 죄책감, 소외를 강조하는 성경 말씀에 지나치게 몰두해 자신의 부정적 자존감을 부추기는 사람들도 있을 수 있다. 그런가 하면 강단에서 긍정보다는 비판과 훈계에 주력하는 기독교 문화가 부정적 자존감을 강화시킨다고 보는 사람들도 있다.

앞서 본 것처럼 기독교는 인간의 가치를 경시하는 듯이 보일 수 있는 많은 요인들을 상당히 강조한다. 죄의 실체, 마땅히 '자신을 잃어버리고' 하나님을 의지하는 것, 자기 노력으로 하나님의 기준에 도달할 능력이 인간에게 없다는 것, 회개의 필요성 등을 예로 들 수 있다. 이런 강조는 기독교가 인간의 가치를 폄하하거나 정서적 고통과 내적 갈등, 그리고 죄책감을 영속시킨다는— 심지어 정신 질환까지 부추기면서— 의미로 비쳐질 수 있다. 그러나 그것은 사실이 아니다.

죄와 죄책감 같은 문제들에 대한 기독교의 **반응**, 즉 예수 그리스도의 인격과 십자가에서의 그분의 구속 사역을 곧 살펴볼 것이다. 예수 그리스도의 죽음과 부활을 통해 하나님은 죄와 절망과 무력함이라는 인간의 실체와, 그분 자신의 절대적인 도덕적 순결과 거룩함 사이의 외견상의 절대적인 간극을 메우신다. 그분은 우리가 절대 스스로 없앨 수 없는 우리의 죄를 도말해 주신다. 십자가를 통해 하나님은 인정받을 수 없는 우리를 인정해 주신다. 정직하고 정확하게 스스로를 볼 때 가치 없는 우리를 그분은 가치 있다고 판정해 주신다. 우리가 그분과 분리된 자라는 사실에도 불구하고 그분은 우리의 애착에 대한 기본적 욕구를 채워 주신다.

이것은 자연히 은혜의 교리— 하나님이 그리스도 안에서 우리를 만나 주시고 채워 주셨다는 선언—에 대한 논의로 이어진다. 우리와 하나님의 인격적·도덕적·신체적 분리는 그리스도의 십자가 사역을 통해 폐해졌다. 우리는 이것을 믿음으로 받아들여 자신의 것으로 삼는다. 지금부터는 그리스도의 십자가가 어떻게 그리스도인의 자존감의 객관적 기초가 되는지 살펴보고자 한다.

5. 십자가: 자존감의 객관적 기초

구속에 대한 기독교적 논의에 면면히 흐르는 중심 주제 중 하나는 하나님의 공의와 의라는 것이다. 하나님이 우리를 구속하시는 방식은 임의적이고 우발적인 것이 아니라 그분의 의에 합치되고 그 의를 선포하는 방식으로 일어난다. 그러므로 십자가의 의미에 대한 기독교의 변론에서 법정 이미지와 언어를 발견하게 되는 것은 당연한 일이다.

십자가와 죄

십자가에 대한 이러한 접근의 가장 중요한 측면 중 하나는 죄에 관한 것이다. 죄는 도덕적·법적 또는 형사적 의미로 이해될 수 있다. 죄는 하나님께 대한 위법이다. 죄는 사람을 무례하게 대하는 것과 같은 사소한 위법이 아니다. 죄는 하나님이 친히 창세 때 세우신 창조 세계의 도덕 질서를 위반하는 것이다. 죄는 하나님의 성품이 반영된 구조물인 창조 세계의 도덕적 조직을 찢어 놓는다.

그렇다면 하나님은 어떻게 친히 도덕 질서를 위반하시지 않으면서 인간의 죄를 용서하실 수 있을까? 왜 하나님은 죄를 그냥 용서

해서 없애 버리실 수 없을까? 왜 과거와 현재와 미래의 모든 죄가 탕감되고 용서되었다고 그냥 선포하실 수 없을까? 그것은 죄를 지극히 얄팍한 방식으로 취급하는 것이기 때문이다. 그것은 죄의 심각성을 부인하는 처사다. 창조 세계를 타락과 오염에서 지키지 못하는 것이다. 죄를 공적으로는 아무 관련 없는 한낱 사적인 문제인 양 취급함으로 정의를 조롱하는 것이다.

바로 여기에 십자가의 핵심적 중요성이 있다. 십자가는 죄를 정죄하고 그 심각성을 철저히 폭로한다. 사소한 문제처럼 보일 수 있는 죄가 결국 하나님 자신이 십자가에 달리셔야 하는 사태로 이어진다. 창조 세계의 도덕 질서는 인간의 죄로 인해 극한 타락과 혼돈에 빠져 결국 창조 세계가 창조주를 멸하고자 시도하는 지경에까지 이른다. 세상의 조화를 회복하고 다시 시작할 수 있도록 그 죄를 탕감하고 그 속의 파괴적 세력을 꺾으려면 뭔가 근본적인 조처가 반드시 필요하다.

그러나 창조 세계와, 특히 인간 본성은 죄에 물들대로 물들어 자력으로는 그 죄책에 사로잡힌 상황에서 벗어날 수 없다. 사람들은 덫에 갇힌 채 자기 중심성이라는 진흙 구덩이 속을 뒹굴고 있다. 우리 죄와 죄책과 물려받은 형벌은 감히 거기서 벗어날 생각조차 힘들만큼 첩첩이 쌓여 있다. 불량 채무처럼 우리 죄도 점점 커질 뿐 깨끗이 털고 다시 시작할 희망이 전혀 없다. 죄라는 거미줄은 탈출구가 없다. 외부의 행동을 통해서만 우리는 스스로 초래한 이 감옥에서 벗어날 수 있다.

이 상황의 전환점이 곧 십자가다. 십자가는 하나님과 우리의 적대 관계를 종식시킨다. 우리에 대한 하나님의 관계가 바뀌며 따라서 그분에 대한 우리의 관계도 바뀔 수 있다. 그리스도는 하나님과 우리의 교제를 가로막았던 죄의 장벽을 허무셨다. 많은 이들에게 예루살렘 성전의 휘장은, 보통 사람들은 하나님의 임재 안에 들어갈 수 없다는 사실, 즉 인간과 하나님의 분리의 상징이었다. 그런데 그리스도께서 죽으시는 순간 이 휘장이 둘로 찢어졌다. 휘장이 찢어진 것 자체가 우리를 하나님의 임재에 들어가지 못하게 했던 죄의 장벽이 그리스도의 죽음을 통해 허물어졌음을 보여 주는 강력한 상징이다. 이제 우리에게는 하나님께 돌아갈 길이 열렸다. 하나님과의 분리는 하나님과의 화해, 나아가 하나님께의 애착으로 바뀔 수 있다.

예수 그리스도 안에서 하나님은 인간의 죄책이라는 짐을 친히 담당하셨다. 그리스도는 갈보리에서 그 외롭고 지친 어깨에 인간의 무거운 죄를 지신 분이다(사 53:10-12; 벧전 2:24). "하나님이 죄를 알지도 못하신 자로 우리를 대신하여 죄를 삼으신 것은 우리로 하여금 저의 안에서 하나님의 의가 되게 하려 하심이니라"(고후 5:21). 그리스도는 죄인을 구속하시려 죄인들 중 하나로 헤아림을 입는 것도 마다하지 않으셨다(사 53:12). "친히 나무에 달려 그 몸으로 우리 죄를 담당하셨으니 이는 우리로 죄에 대하여 죽고 의에 대하여 살게 하려 하심이라. 저가 채찍에 맞음으로 너희는 나음을 얻었나니"(벧전 2:24). 십자가는 죄의 심각성을 보여 줄 뿐만 아니라, 죄에 관여하시고 궁극적으로는 죄를 멸하시려는 하나님의 뜻과 능력을 보여 준다. 십자가에서 우리는 **실제** 죄―우리 죄―에 대한 **실제** 용서를 본다. 주도권은 하나님께 있었고 반응은 우리 몫이다. 우리가 움직일 수 있도록 하나님이 먼저 움직이셨다. 우리가 하나님을 사랑할 수 있도록 그분이 먼저 우리를 사랑하셨다.

예수님은 죄 없이 거룩하신 분임에도 인간의 죄가 지닌 도덕적 무게로 인해 이렇게 하나님과 분리되셨다. 그분은 우리를 하나님 앞에 의롭게 하시려 친히 죄가 되셨다. 죽어가는 그리스도는 하나님과 우리 사이에 도덕적 분리를 가져온 죄를 친히 담당하셨고 그리하여 하나님과 우리 사이의 장벽을 허무셨다. 이제 우리를 하나님께 애착하지 못하게 막는 장애물은 없다.

그러나 예수님은 신체적으로도 하나님과 분리되셨다. 그분은 이 분리의 무게를 온몸으로 느끼셨다. 버림받은 자의 처절한 절규가 그것을 분명히 보여 준다. "나의 하나님, 나의 하나님, 어찌하여 나를 버리셨나이까?"(막 15:34) 여기서 예수님은 하나님과 우리의 분리에 동참하여, 고통과 그분의 부재로 인한 고독을 느끼셨다. 하나님과의 분리에 있는 그 중대한 측면이 그리스도의 십자가로 해결되었다. 우리는 그리스도께서 이루신 일을 믿음으로써 하나님께 다시 애착될 수 있으며 그리스도는 바로 그것을 위해 하나님과 분리되셨다.

이렇듯 하나님은 그분만이 하실 수 있는 일을 하셨다. 그분은 인간 죄의 죄책과 권세를 모두 멸하셨다. 그렇게 하실 의무가 없었으나 자비와 긍휼로 그 길을 택하셨다. 그분의 의는 한순간도 훼손된 적이 없다. 그분은 당연히 우리 몫이어야 할 고통과 고난을 친히 담당하셨다. 우리를 향한 그분의 사랑은 그런 것이었다. 바울은 "이제 내가 사는 것은 나를 사랑하사 나를 위하여 자기 몸을 버리신 하나님의 아들을 믿는 믿음 안에서 사는 것이라"(갈 2:20)고 고백했다.

그러나 이런 결과를 낳는 십자가의 신비를 우리는 어떻게 이해할 것인가? 십자가 사건의 의미를 깨닫는 데는 크게 세 가지 길이 있다.

첫째, **대표**(representation)라는 개념이다. 그리스도는 언약에 대한 인류의 대표이시다. 믿음을 통해 우리는 하나님과 인류 사이의 언약 안에 선다. 그리스도께서 우리를 위해 십자가로 얻으신 모든 것이 언약으로 말미암아 우리 앞에 있다. 하나님은 그 백성 이스라엘과 언약을 맺으신 것처럼 그분의 교회와도 언약을 맺으셨다. 그리스도는 십자가의 순종으로 그분의 언약 백성을 대표하시며, 그들의 대표로서 모든 혜택을 얻으셨다. 믿음으로 나아갈 때 인간 개개인은 그리스도께서 십자가와 부활로 얻으신 모든 언약의 혜택을 공유한다. 거기에는 우리 죄에 대한 온전하고도 값없는 용서가 포함된다.

둘째, **참여**(participation)라는 개념이다. 믿음을 통해 신자들은 부활하신 그리스도 안에 참여한다. 바울의 유명한 말대로 그들은 '그리스도 안에' 있다. 그들은 그분 안에 싸여 부활의 생명을 공유한다. 그 결과 그들은 그리스도께서 십자가의 순종을 통해 얻으신 모든 혜택을 공유한다. 이렇게 그리스도 안에 참여하기에 우리 죄를 용서받고 그분의 의를 공유하는 것이 가능해진다.

셋째, **대리**(substitution)라는 개념이다. 여기서 그리스도는 우리의 대리자, 즉 우리 대신 십자가로 가신 분으로 이해될 수 있다. 우리와 동화하시려는 그리스도의 마음에는 그야말로 한계가 없다. 우리는 죄 때문에 십자가에 달렸어야 한다. 그러나 그리스도께서 우리 대신 십자가에 못박히셨다. 하나님은 그리스도의 의—십자가의 순종으로 얻어진—를 우리의 의가 되게 하시고자 그분으로 하여금 우리 죄를 지고 우리 자리를 대신하게 하셨다. 그리스도는 우리 인간의 상황에 들어오셔서 인간의 슬픔과 고통과 죄를 나누셨다. 그분은 그 모든 것을 십자가로 가져가셨다. 우리 대신 그것들을 지신 분과 함께 그것들도 십자가에 못박혔다. 그분이 상함으로 우리는 나음을 얻었다.

이렇듯 십자가는 그리스도인의 자존감의 객관적 기초를 쌓는다. 바로 거기서 하나님은 우리와 관계를 맺으셨다. 죄는 해결되었다. 일반 심리학 이론들은 죄의 실체와 그 심각성과 위력을 회피하지만 복음은 그것을 인정한다. 아울러 복음은 죄를 이기신 그리스도의 십자가의 실체와 그 심각성과 위력도 힘주어 인정한다. 자존감에 필요한 모든 것을 하나님이 그리스도의 십자가를 통해 이루셨기에—그것도 아주 훌륭하게!—우리는 안심할 수 있다.

그럼에도 불구하고 죄인들이 하나님 앞에 받아들여질 수 있다는 개념을 아직도 어려워하는 사람들이 있다. 여전히 죄인인 우리를 하나님이 어떻게 귀히 여기실 수 있느냐고 그들은 묻는다. 중요한 질문인 만큼, 믿음으로 의롭게 된다는 이신칭의 교리의 타당성을 소상히 살펴가며 충분히 답하고자 한다. 바울 서신의 중요한 근간인 이 교리는 죄인들이 어떻게 의롭고 거룩하신 하나님 앞에 받아들여질 수 있는지의 문제를 다룬다. 20세기 미국의 신학자 폴 틸리히(Paul Tillich)는 이신칭의 교리의 의미는 "자신이 받아들여질 수 없는 존재임에도 불구하고 받아들여졌음을 받아들이는" 것이라고 갈파했다. 어떻게 그런지 지금부터 살펴보자.

온전함의 이미지들: 신약의 구원관

신약 성경은 하나님이 그리스도 안에서 우리에게 해주신 일을 다양하고 강력한 이미지를 사용해 표현한다. 각 이미지마다 믿음으로 주어지는 새 생명에 대한 기독교적 이해의 다른 면을 보여 준다. 신약의 중심 개념 중 하나는, 우리가 믿음으로 그리스도와 연합될 때 우리 신분에 근본적 변화가 찾아온다는 것이다. 여기서 살펴보는 각 이미지는 자존감에 대한 그리스도인의 바른 이해와 깊은 연관성을 갖고 있다.

그리스도로 말미암은 대속

생애가 끝나갈 무렵 그리스도는 자신이 "자기 목숨을 많은 사람의 대속물로 주려"(막 10:45) 오셨다고 제자들에게 말씀하셨다. 이것은 십자가의 의미를 보여 주는 강력한 방식이다. 여기서 해방의 개념, 즉 감옥이나 노예 상태에서 풀려난다는 개념이 즉시 전달된다. 이처럼 그리스도인들도 죄의 굴레와 죽음의 두려움에서 풀려나 하나님의 자녀라는 영광스러운 자유에 들어왔다.

그러나 의미는 거기서 그치지 않는다. 그것은 또 우리가 풀려나도록 값이 지불되었음을 가리킨다. 대속물(ransom)이란 누군가의 해방을 보증해 주는 값이다. 신약 성경은 우리의 구속을 위해 지불된 값이 하나님의 아들의 죽음임을 선포한다. 자존감에 대한 몇몇 중요한 기독교적 통찰의 열쇠가 대속물의 개념에 들어 있다.

국제적인 납치 조직에서 한 여자를 납치해 몸값을 요구한다고 하자. 그녀를 풀어 주는 데 책정된 값은 어마어마하다. 처음에 그녀는 돈을 마련할 수 있을 것이라고 믿는다. 그러나 자신이 턱없이 가난하다는 것을 점차 깨닫는다. 절망과 낙심이 찾아든다. 그녀는 자신이 끝내 풀려나지 못할 수도 있다는 사실을 바라보며 자신의 운명에 대해 체념하기 시작한다.

그러나 일단의 친구들이 도움에 나서기로 작정한다. 그들은 그녀 몰래 함께 모여 그녀가 풀려나는 데 필요한 거액의 돈을 마련한다. 요구된 몸값을 지불하고 그녀는 놀라움과 기쁨 속에 자유를 얻는다!

간단한 이야기지만 이는 우리의 자존감이 그리스도의 십자가에 근거할 수 있고 또 그래야만 한다는 소중한 통찰을 보여 준다. 복음은 우리가 죄와 죽음과 같은 권세들의 동맹에 의해 포로로 잡혀 있다고 말한다. 우리는 거기서 빠져나올 수 없다. 납치범들처럼 그 세력은 우리를 잡고 대속물을 요구하지만 우리는 몸값을 치를 능력이 없다. 그 결과 우리는 절망스런 상황에 빠진다. 누군가 우리를 불쌍히 보고 우리의 해방을 위해 나서 주지 않는 한, 그대로 굴레에 매여 있는 것이 우리 운명이다.

앞서 말한 여자의 자존감에 일어난 변화를 상상해 보라. 처음에 그녀가 자신의 상황을 바꿀 수 없다는 것을 깨달았을 때만 해도 그녀의 자존감은 바닥까지 가라앉는다. 스스로 보기에 그녀는 가치가 없다. 그러나 그러고 나서 상황이 완전히 바뀐다. 그녀는 누군가 자신을 귀하게 여긴다는 사실을 깨닫는다. 이제 그녀의 자기 가치는 그녀를 향한 타인들의 태도에 근거하며, 그 태도는 그녀를 도우려는 그들의 결단과 거액의 돈을 마련하려는 그들의 열의로 표현된다.

복음은 하나님이 우리를 구원하시기로 결단하실 뿐 아니라 구원에 수반되는 값도 치르실 준비가 되어 있다고 선포한다. 바울은 고린도 독자들에게 그들이 하나님의 아들이 죽으신 값으로 사신 바 되었다고 일깨웠다(고전 6:20; 7:23). 하나님은 우리를 자유케 하시려고 친아들을 주실 정도로 우리를 가치 있게 여기신다.

화목

비슷한 선상에 있는 생각을 바울의 중심 개념 중 다른 하나인 화목에서 찾아볼 수 있다. "하나님께서 그리스도 안에 계시사 세상을 자기와 화목하게 하시며"(고후 5:19). 이것은 치유가 필요한 깨어진 인격적 관계의 이미지다. 화목을 통해 하나님과의 적대 상태가 우정과 신뢰의 상태로 대치된다. 기독교란 아주 간단히 말해, 참된 우정에 담긴 모든 의미에서 하나님과 친구가 되는 것이다.

앞서 살펴본 것처럼 우리의 자존감은 부분적으로 자신이 어울리는 사회 집단을 통해 결정된다. 또래 집단은 남들이 나를 대하는 방식에도 영향을 미치지만 내가 나를 보는 방식에도 영향을 미친다. 그래서 **바른**(right) 모임이나 **바른** 무리 혹은 **바른** 환경에 속하는 것을 한 인간의 인격적 이미지와 사회적 위상의 중대한 관건으로 보는 사람들이 많다. 화해를 통해 그리스도인들은 자신이 하나님의 친구라고 말할 수 있고 그 결과 자신을 아낄 줄 알게 된다. 아들과 아버지가 중간에서 만나는 탕자의 비유(눅 15:11-24)는 화목의 중요성에 대한 놀라운 예화로, 화목케 된 아들의 자존감에 미치는 의미가 암시되어 있다. 아들과 화목한 후에야 아버지는 살진 송아지를 잡아 잔치를 열도록 지시한다. 그것이 아들의 빗나간 자존감에 어떤 영향을 주었겠는지 생각해 보라!

그러나 이 이미지에는 그 이상이 있다. 한밤중에 깨어나 어둠을 무서워하는 어린아이를 상상해 보자. 아이는 다급하게 엄마를 부른다. 엄마가 침대 곁에 와 아이의 손을 잡고 "응, 응, **괜찮아**"하고 말한다. 뭐가 **괜찮다**(right)는 것인가? 여기서 정말 중요한 것은 엄마와 분리되어 있다고 느꼈던 아이가 이제 엄마와 함께 있음으로 위로를 얻을 수 있다는 것이다. 다 '괜찮은' 것은 엄마가 함께 있기 때문이다. 엄마는 아이 곁에 있고, 그래서 아이는 밤중의 어둠과 미지의 위협에 맞설 수 있다. 여기서 '괜찮다'는 것은 도덕적 개념이 아니라 함께 있음으로 인한 괜찮음(rightness of presence)을 말한다. "이제 괜찮아. 엄마가 있으니까."

화목케 된다는 것은 우리에게 하나님의 위로의 임재가 회복되는 것이다. 우리는 우리가 알고 사랑하는 하나님의 임재 안에서 미지의 미래에 직면할 수 있다. 죄로 인한 분리는 끝났다. 대신 우리는 하나님의 임재와 능력을 체험하며 기뻐할 수 있다. 부모로서 돌보시는 하나님이라는 개념에 대해서는 다음 장에서 더 자세하게 살펴볼 것이다.

구원

핵심 단어인 **구원**은 신약 성경에서 빈번히 사용된다(참고. 행 13:26; 엡 1:13; 히 1:14). 이 개념이 신약에 사용된 방식을 보건대(동사가 대체로 미래 시제다) 우리는 구원을 미래의 사건, 즉 비록 현재 일어나기 시작했을 수 있으나 그래도 장차 일어날 일로 보아야 할 것이다. 그 기본 개념은 위험한 상황에서의 구출, 보호, 구조라는 것이다. 신약 성경 밖에서 이 동사는 구조대의 도움으로 죽음에서 건짐을 받거나 죽을병을 고침받는다는 의미로 쓰였다. 또 이 말에는 건강을 잘 지킨다는 의미도 있다. 유대 역사가 요세푸스(Josephus)는 이스라엘이 애굽의 굴레에서 벗어난 사건을 **구원**으로 표현했다.

이 개념에는 두 가지 의미가 있다. 첫째, 출애굽 당시 이스라엘 백성이 애굽의 노예 상태에서 해방된 것처럼 **위험한 상황에서 구조되거나 구출된다**는 의미다. 과연 그리스도는 우리를 죽음의 두려움과 죄의 권세에서 구출하신 분이다. **예수**라는 이름은 '하나님이 구원하신다'는 뜻인데, 신약 성경에서 그것은 분명 '죄로부터의 구원'을 뜻한다(여기서 마 1:21이 중요하다).

둘째는 **온전함** 또는 **건강**의 의미다. 구원의 개념과 온전함의 개념

사이에는 아주 밀접한 관계가 있다. '건강'과 '구원'이 한 단어인 언어가 많다. 그래서 특정 본문을 구원의 관점에서 번역해야 할지 온전함의 관점에서 번역해야 할지 분간하기 어려울 때도 있다. 예컨대 마가복음 5:34의 헬라어 표현은 "네 믿음이 너를 온전케 하였다"로 번역해야 할까, "네 믿음이 너를 구원하였다"로 번역해야 할까? 두 개념의 밀접한 관계는 1066년 노르만 정복 때까지 영어에도 남아 있었다. 고대 영어의 구원이라는 말은 현대 영어의 치유(heal)와 건강(health)과 비슷한 'hoel'이었으나 그 시기에 라틴어 형태인 'salvation'으로 바뀌었다. 그 결과 영어권 세계에서는 단어는 단어대로, 개념은 개념대로 둘의 밀접한 연관성이 상실되어 버렸다. 그러나 일부 다른 현대 언어에는 이 연관성이 지금도 남아 있다. 그 의미를 살펴보자.

아팠던 사람이 나은 것은 이전의 건강한 상태, 온전한 상태로 회복된 것이다. 창조 기사(창 1-2장)는 하나님이 우리를 온전한 상태로 지으셨음을 보여 준다. 그러나 그 타락으로 인해 우리는 온전함을 상실했다(창 3장). 치유에 건강의 회복이 포함되듯 구원에도 온전함의 회복─본래 하나님께 지음받은 상태로의 회복─이 포함된다. 바울은 첫째 아담과 둘째 아담의 관계를 지적한다. 아담을 통해 우리는 하나님 앞에서 온전함을 잃었으나 그리스도를 통해 그것을 되찾고 회복할 수 있다. 여러모로 복음은 의술과도 같다. 우리가 그 작용 원리를 다 이해하지 못할지라도 복음은 우리를 치유한다.

복음서에서 죄와 질병이 밀접하게 연결된 점을 주목하면 도움이 된다(마 9:6의 경우처럼). 예수님은 사람들을 고쳐 주시고 죄를 사해 주셨다. 두 행동 모두 그리스도 안에서 하나님이 우리에게 주신 선물인 온전함으로의 회복을 보여 주는 단면들이다.

이것이 구원의 기본 의미다. 그렇다면 그것이 자존감에 미치는 영향은 무엇인가? 구원의 의미를 생각할 때 우리는 어떻게 바른 기독교적 자세로 자신을 존중하게 되는가?

질병은 죄에 대한 성경의 핵심 모델이다. 죄는 질병과 같으며, 하나님은 그리스도의 십자가 사역을 통해 그것을 치유하신다. 우리는 대부분 자신의 이기심과 죄 때문에 근본적으로 하나님의 사랑을 받을 자격이 없다고 느낀다. 많은 그리스도인들은 죄 때문에 자기 가치에 대한 올바른 기독교적 의식에 치명적인 손상을 입었다. 하나님이 어떻게 나 같은 죄인을 귀하게 보실 수 있는가? 하나님이 어떻게 나처럼 죄로 물들고 오염된 무가치한 존재를 진정 사랑하실 수 있단 말인가?

기독교의 구원 교리는 여기에 몇 가지 대단히 중요한 통찰을 제공한다. 첫째, 그것은 우리가 정말 죄인임을—단, 새롭게 변화되는 과정중에 있는 죄인임을—인정한다. 유명한 초기 기독교 교부인 히포의 어거스틴은 교회를 병원에 견준 바 있다. 교회란 자기 죄를 기꺼이 인정하는 자세와 치료를 맡은 의료진의 실력에 대한 믿음과 희망으로 연합된 환자 공동체다. 죄는 현재 그들의 삶에 대한 너무도 확연하고 현실적인 단면이지만 언젠가는 완전히 없어질 것이다. 그러나 하나님은 자기 백성을 **지금** 사랑하실 수 있다. 그분은 우리 죄의 궁극적 소멸을 내다보시며 마지막 날의 우리 모습에 비추어 지금 우리를 사랑하실 수 있다.

따라서 죄를 인식한다고 해서 그리스도인의 자존감이 훼손되어서는 안 된다. 우리 그리스도인들은 자기 삶에 죄의 존재가 계속된다는 이유로 자신을 경멸하거나 미워해서는 안 된다. 그리스도인으로서 죄를 범할 때 죄의식을 느끼는 것은 당연하다. 그러나 우리는 그 죄를 자백하고 용서받을 수 있다. 그러고 나면 자신이 죄인인 것에 대해 죄책을 느낄 필요가 없다. 앞서 강조한 것처럼 복음은 우리가 **용서받은 죄인**임을 선포한다. 자신이 죄인이라고 죄의식을 품는 것은 자신이 용서받았다는 중대한 사실을 무시하는 것이다! 십자가를 통해 죄의 형벌이 치러졌음을 깨닫지 못할 때 우리의 영적 성장도 절름발이가 될 수 있다. 그래서 우리는 어떻게든 내 힘으로 형벌을 치러야 한다는 착각 속에서 발버둥친다. 우리 죄는 그리스도의 십자가에 못박혔고, 그대로 거기 있어야 한다.

하나님은 죄와 죄인을 절대 구분하시며, 우리를 죄의 형벌과 권세와 현존에서 건지실 것을 약속하신다. 죄의 형벌은 그리스도의 십자가를 통해 치러졌다. 죄의 권세는 부활하신 그리스도의 임재를 통해 현재 우리 삶 속에서 궤멸되고 있다.

끝으로, 마지막 날 우리는 죄의 현존에서 단번에 영원히 벗어날 것이다. 그러나 그 동안 우리는 마치 선한 사마리아인이 상처를 입은 친구를 주막 주인에게 돌보아 주도록 맡긴 것처럼(눅 10:25-37) 우리도 사랑과 치유의 하나님의 돌보심에 맡겨진 병자와 같다는 사실을 받아들일 줄 알아야 한다. 하나님은 우리가 아픈 것을 아시며 치유를 약속하셨다. 따라서 우리는 현재의 죄인의 모습 너머, 미래의 구속된 모습을 보며 자신을 책임감 있게 귀히 여길 줄 알아야 한다.

이신칭의

이신칭의에 대한 논의는 곧바로 심각한 난관에 봉착한다. 믿음으로 의롭게 된다는 말은 현대인들의 귀에는 이상하게 들린다. 여기 칭의의 뜻으로 쓰인 'justification'이란 영어 단어는 오늘날 흔히 논쟁이나 법률 소송에서 자기 입장을 변호한다는 뜻으로 혹은 단어의 어간을 조정해 편집 본문을 양쪽으로 나란히 정렬한다는 뜻으로 사용된다. 그러니 법조계나 워드 프로세서와 관계되어 가장 친숙한 이 단어가 어떻게 그리스도인의 자존감과 실제적인 관련성을 지닐 수 있단 말인가?

신학적인 의미에서 **칭의**라는 말은 하나님 앞에 바르게 된다는 구약의 개념을 나타낸다. 번역과 해석을 거듭하는 복잡한 전통을 거쳐—히브리어에서 헬라어로, 헬라어에서 라틴어로, 끝으로 라틴어에서 영어로—**칭의**는 하나님 앞에서 바른 상태를 뜻하게 되었다. 의롭게 된다는 것은 하나님 앞에 바르다는 것이다. 그러나 하나님 앞에 바르다는 것은 도덕적인 것이라기보다는 관계적인 개념이다. 일차적으로 그것은 우리가 소유하는 도덕적 또는 윤리적 자질이 아니라 우리가 하나님과 관계 맺는 방식에 대한 것이다. 독일의 종교개혁자 마르틴 루터(1483-1546)에게 믿음이란 하나님 앞에 바른 것—즉 하나님을 의지하는 태도로 살아가는 것—이었다. 믿음은 하나님 앞에서 바르게 살아가는 길이다. 따라서 **칭의**라는 말을 '하나님과 바로 된 상태'라 풀어 써도 좋을 것이다. 마찬가지로 '의롭게 된다'는 말도 '하나님과 바른 관계에 들어서는 것'으로 풀어 쓸 수 있다.

이신칭의는 귀에 익지 않은 말일 뿐 아니라 오해의 소지도 있다. 이 말은 **우리 믿음 때문에** 우리가 의롭게 된다는 말로 들릴 수 있다. 다시 말해 하나님이 우리를 그분 앞에 의로운 상태로 두시기로 결정하는 것이 인간의 믿음에 근거한다는 것이다. 만일 그렇다면 그것은 행위를 통한 칭의 교리에 다름 아니다. 믿음이 특수한 형태의 선행이 되었을 뿐이다. 믿음은 우리가 성취하는 것이 되고 만다.

사실 **이신칭의**라는 말에는 사뭇 다른 의미가 있다. 독일의 종교개혁자 필립 멜랑히톤(Philipp Melanchthon, 1497-1560)이 그것을 설명하는 데 사용한 라틴어 문구를 보면 그 의미를 가장 잘 이해할 수 있을 것이다. 우리는 '믿음을 통해 그리스도 때문에'(*propter Christum per fidem*) 의롭게 된다. 우리를 그분과 바른 관계에 두신다는 하나님의 결단은 그 근거가 예수 그리스도 자체에 있다. 우리는 그분의 평생의 순종과 십자가 죽음으로 말미암아 의롭게 된다. 우리가 하나님과 바른 상태에 있게 되는 것은 우리가 했거나 또는 앞으로 할 어떤 일 때문이 아니라 그리스도 때문이다. 다만 우리가 의롭게 되는 방편이 믿음이다. 믿음은 그리스도의 혜택이 우리에게 흘러오는 통로와 같다.

우리는 믿음 **때문에** 의롭게 되는 것이 아니라 믿음을 **통해** 의롭게 된다. 칭의의 기초는 우리 믿음이 아니라 그리스도의 사역이다. 믿음은 그리스도의 사역이 우리 삶에 적용되는 방편이다. 이것은 절대 인간 성취에 근거한 칭의 교리가 아니라, 그리스도께서 십자가와 부활을 통해 우리를 위해 이루신 일에 근거한 칭의 교리다. 우리를 하나님과의 바른 관계에 두는 것은 우리 자신의 믿음에 대한 믿음이 아니라 그리스도께 대한 믿음이다.

그러나 이 교리의 의미는 거기서 그치지 않는다. 믿음 자체도 하나님의 선물이다.

다시 말해 칭의의 수혜는 그 외적 기초도 내적 방편도 다 하나님이 주신 것이다. 믿음이란 우리가 성취할 수 있는 것이 아니라 하나님이 우리 안에 성취하시는 것이다. 믿음을 단순히 '하나님의 존재에 대한 동의'나 '기독교 핵심 교리의 수용'으로 본다면 그런 주장은 당황스럽게 여겨질 수 있다. 그러나 기독교가 말하는 온전한 믿음은 그보다 훨씬 이상의 것을 내포한다. 믿음은 우리를 그리스도와 그분이 주시는 모든 혜택에 연합시킨다. 구원에 필요한 모든 것은 하나님이 이미 이루셨고, 그것도 탁월하게 이루셨다.

그러면 이신칭의 교리는 자존감과 어떤 연관이 있을까? 그 핵심 연결 고리는 **의**라는 개념이다. 그리스도인에게 긍정적 자존감이란, 자신이 하나님과 바로 되었고 그리하여 자기 자신과도 바로 되었다는 인식의 심리적 증표로 봐도 무난하다.

앞서 우리는 자존감과 관련된 내적 귀인 방식과 외적 귀인 방식의 구분을 살펴보았다. 칭의라는 말로 번역되는 헬라어 동사에는 실제로 '상대를 의롭게 여기다, 의로운 사람으로 존중하다'는 뜻이 있다. 하나님 앞에 의롭게 된다는 개념을 생각하는 데는 두 가지 상반된 방식이 있다. 첫째 방식은 내적 귀인 방식과 관련된 것으로 다음 질문을 던진다. "**나의** 어떤 점이 남들로 하여금 **나를** 의롭다고 여기게 하는가?" 이런 사고 방식은 자아상이 부정적인 사람의 경우 절망으로, 자아상이 긍정적인 사람의 경우 엉뚱한 자만으로 이어질 수 있다.

당연히 내적 귀인 방식은 내 힘으로 의를 이루어 낼 수 있다는 의기양양한 자세로 이어진다. 자기 행위로 의롭게 될 수 있다면(펠라기우스의 입장), 우리의 감정 투자는 성취에 치중되는 경향을 보이며 더 많은 성취로 우리를 몰아가게 된다. 따라서 우리의 인격적 안전감과 자존감은 자신이 하는 일과 그에 대한 느낌에 의존한다.

둘째 접근은 외적 귀인 방식과 관련된 것으로 다음 질문을 던진다. "**하나님**의 어떤 점이 그분으로 하여금 나를 의롭게 보시게 하는가?" 이런 귀인 방식은 **내** 쪽에서 뭔가 성취해야 한다는 부담감이 아니라 하나님 쪽에서 하실 행동에 대한 기대감을 낳는다. 이 획기적인 기준점의 변화로 인해 우리는 자신의 인격적 가치에 대한 인간 중심적이고 행위 지향적인 접근을 버리고, 대신 하나님 중심적이고 믿음 지향적인 접근으로 단호하게 나아간다(앞서 본 것처럼 '믿음'은 인간의 일이 아니라, 우리 안에 이루시는 하나님의 일 또는 선물이다).

이렇듯 칭의는 하나님이 보시는 우리의 상태에 관한 것이다. 그것은 모든 타자 중에 가장 중요한 타자인 하나님이 우리를 어떻게 보시는지에 관한 것이다. '의'로 번역되는 헬라어 단어는 단순히 도덕적 개념이 아니다. 거기에는 그것을 훨씬 뛰어넘어 '하나님과 바른 관계에 있는 것, 하나님께 가치 있게 여겨지는 것' 등 기독교의 핵심 개념이 들어 있다. 따라서 신자들은 자신을 죄인으로 여기지만(그것은 옳다!), 칭의로 인해 하나님 보시기에 의롭기도 하다. 하나님은 신자들의 믿음을 인해 그들을 의롭게 여기신다. 루터의 말대로 하나님이 벌거벗은 우리를 그분의 옷으로 덮으신다는 에스겔 16:8 말씀과 같이 신자들은 믿음을 통해 그리스도의 의로 옷 입는다. 루터에게 믿음이란 하나님과의 바른(혹은 의로운) 관계다. 이렇게 죄와 의가 공존한다. 우리는 속으로 여전히 죄인이지만 겉으로 하나님 보시기에 의롭다. 믿음으로 죄를 고백함으로 우리는 하나님과 바르고 의로운 관계 안에 선다. 우리는 우리 눈으로 볼 때는 죄인이지만 하나님의 눈으로 볼 때는 의인이다.

이제 성도들은 언제나 자신의 죄를 인식하며 하나님의 자비를 따라 그분께 의를 구한다. 바로 그러한 이유로 하나님은 그들을 의롭게 여기신다. 그래서 그들은 자신의 눈으로 보면(그리고 실제로!) 죄인이지만 하나님의 눈으로 보면 의인이다. 그들이 자신의 죄를 고백한다는 이유로 하나님이 그렇게 여겨 주시기 때문이다. 실제로 그들은 죄인이지만 자비로우신 하나님의 전가(轉嫁)로 인해 의롭다. 그들은 스스로는 모르고 있지만 의롭고, 알고 있기로는 죄인이다. 그들은 사실상 죄인이나 소망 가운데서는 의인이다(루터, 「로마서 주해」, 4:8)

루터의 말은 죄와 의의 이런 공존이 반드시 영원한 상태라는 뜻은 아니다. 그의 요지는 하나님이 그분의 의로 우리 죄를 가려 주신다는 것이다. 그분의 의는 보호 덮개 같아서 우리는 그 아래서 죄와 싸울 수 있다. 그러나 **죄의 존재가 그리스도인이라는 우리 신분을 무효화하지 않는다**. 칭의를 통해 의의 신분을 받은 우리는 하나님과 함께 의의 본성을 얻고자 한다. 하나님은 언젠가 우리 죄를 영원히 제하여 우리를 의롭게 해주실 것을 약속하셨고, 그 점에서 우리는 그분 보시기에 이미 의롭다.

이런 사고 방식은 목회적 정황에서 중요하다. 한 동료가 최근 자존감 문제를 다루는 자기 교회의 한 모임에 참석했던 얘기를 들려주었다. 참석자 전원이 0(최악)부터 10(완벽)까지의 숫자 중에서 자신에게 등급을 매겨야 했다. 사람들은 대부분 4-6 사이로(특별히 좋지도 않지만 그렇다고 특별히 나쁘지도 않게) 등급을 매겼다. 그러자 (이미 최신 유행의 심리 치료 자료들을 읽어 준) 외부 강사는 그들 모두가 자기 등급을 10으로 매겼어야 한다고 선언했다. 그는 그들이 다 완벽하되 다만 자존감 결핍으로 고생하는 것뿐이라고 말했다. 이것은 참석자들 사이에 흥미로운 반응을 불러일으켰다. 그들은 자신들의 자기 평가가 정확하며, 강사의 평가는 터무니없는 낙관론이요 망상이라고 생각했다.

이것은 자신이 완전하지 못하다는 사실을 여간해서 받아들이려 하지 않는 많은 현대인들의 태도를 여실히 보여 주는 사례다. 불완전함을 시인하는 것은 총체적 실패를 인정하는 창피하고 굴욕적인 일처럼 보인다. 이런 죄에 대한 부정은 자연히 완벽이라는 신화—내가 되어야 할 모습이 내 본연의 모습이라는 비현실적 신념—로 표현된다. 칭의 교리는 우리로 불완전함과 죄를 인정하는 동시에, 우리의 초라한 본성을 예수 그리스도의 형상으로 변화시키실 하나님의 뜻과 능력 안에서 기뻐하게 한다.

앞의 이야기는 또 자존감 문제에 대한 루터의 접근이 결국 얼마나 중요하고 유익하며 **기독교적**인지를 보여 준다. 하나님은 우리를 있는 그대로 받으신다. 우리는 훌륭한 그리스도인이 되기 위해 자신에게 10이라는 등급을 줄 필요가 없다. 완벽은 하나님 앞에 받아들여지기 위한 선결 조건도 아니다. 하나님은 우리를 있는 그대로 받으시며, 우리를 전혀 새롭게 다시 빚으신다는 그분의 약속에 근거해 우리에게 10의 신분을 부여하신다. 자신에게 4, 5, 6의 점수를 주는 우리지만 그럼에도 불구하고 그분의 은혜로 우리는 받아들여진다. 우리는 완벽한 척해서 자신을 속일(또는 하나님이 속으신다고 생각할) 필요가 없다.

죄인의 칭의는 착각이나 법적 허구나 가장된 거룩함에 근거하지 않는다. 하나님은 우리를 있는 그대로 받으시되 우리 안에서 일하셔서 그분이 원하시는 일을 행하신다. 우리를 새로 지어 마침내 10의 **본성**을 주신다는 하나님의 약속에 비추어 우리는 10의 **신분**을 받았다. 그것이 격려와 동기가 되어 우리는 자신의 연약함과 단점 대신, 하나님의 힘과 성품을 입어 상향 이동한다. 그리하여 우리의 4, 5, 6은 하나님의 은혜로 8, 9, 10이 된다. 하나님이 지금 우리에게 부여하신 신분은 장차 그분의 은혜로 재창조될 우리 모습에 대한 그분의 비전과 의지와 약속이 반영된 것이다.

그러나 이제 그 아마추어 심리 치료사의 접근을 생각해 보자. 그는 참석자들에게 그들이 완벽하다고 말했다. 참석자들은 두 가지 이유로 그의 평가가 터무니없다고 보았다. 첫째, 그것은 그들의 경험에 부합하지 않았다. 다른 사람 앞에서 아무리 완벽한 척한다 해도 개인적으로 그들은 자신의 죄를 철저히 알고 있었다. 둘째, 그 평가는 거룩함에 대한 노력이나 성장의 동기를 깨끗이 제해 버렸다. 10점 만점에 10점을 맞은 사람이라면 더 이상 성취할 것이 없다. 루터의 접근은 이 두 가지 함정을 모두 피한다. 그것은 우리가 **죄인임**(우리가 경험하여 알고 있는 자신과 부합한다)과 충분히 성장의 여지가 있음을 선포한다. 그러나 동시에 그것은 우리가 하나님 보시기에 의의 신분을 얻었음도 선포한다.

그렇다면 죄를 인식하는 것은 반드시 신앙으로부터 일탈한 증상이거나 하나님께 대한 헌신이 불완전하다는 신호인 것은 아니다. 그것은 칭의와 변화의 필수 요소인, 죄에 대한 지속적 싸움의 증거에 불과할 수 있다. 루터의 말에 이 문제에 대한 결론이 들어 있다.

우리 자신만 보면 우리는 죄인이지만, 믿음으로 말미암아 하나님의 전가를 통해 우리는 의롭다. 우리는 구원을 약속하신 분을 믿는다. 그리고 그 동안 죄가 우리를 삼키지 못하도록, 즉 마침내 그분이 죄를 제하시는 그 날까지 우리가 죄에 용감히 대항할 수 있도록 우리는 분투한다(「로마서 주해」, 4:7-8).

앞서 지적한 것처럼 자존감에는 판단의 요소와 감정의 요소가 둘 다 수반된다. 마찬가지로 하나님과 바른 관계에 놓인다는 개념에도 그리스도께서 십자가에서 우리를 위해 이루신 일이라는 객관적 진리와 내가 하나님과의 **관계**에 들어선다는 주관적 체험이 둘 다 수반된다. 이 장에서 우리는 그리스도의 십자가가 어떻게 하나님 앞에서 우리의 의를 세우는지 살펴보았다. 지금부터는 이 신분의 변화가 신자의 삶 속에서 체험되는 방식에 대해 생각하려 한다. 앞에서 화목의 주제를 소개했다. 예수님이 불순종한 아들이 아버지와의 관계를 회복한 이야기로 이 주제를 예시하신 것은 우연이 아니다(눅 15:11-24).

> [아들이] 이에 일어나서 아버지께로 돌아가니라. 아직도 상거가 먼데 아버지가 저를 보고 측은히 여겨 달려가 목을 안고 입을 맞추니 아들이 가로되 "아버지여, 내가 하늘과 아버지께 죄를 얻었사오니 지금부터는 아버지의 아들이라 일컬음을 감당치 못하겠나이다" 하나 아버지는 종들에게 이르되 "제일 좋은 옷을 내어다가 입히고 손에 가락지를 끼우고 발에 신을 신기라. 그리고 살진 송아지를 끌어다가 잡으라. 우리가 먹고 즐기자. 이 내 아들은 죽었다가 다시 살아났으며 내가 잃었다가 다시 얻었노라" 하니(눅 15:20-24).

그렇다면 하나님의 부성을 경험한다는 것은 무슨 뜻인가? 그 경험이 자존감에 던지는 함의는 무엇인가?

# 6. 하나님의 부모 같은 돌보심

> 하나님 아버지, 그 동안 제가 당신의 부모 되심과
> 사랑의 돌보심을 모르고
> 어떻게 존재해 왔는지 모르겠습니다.
> 그러나 이제 저는 당신의 아들입니다.
> 당신 집에 양자가 되었으니
> 다시는 홀로 될 수 없습니다.
> 하나님 아버지가 제 곁에 계시기 때문입니다.
> ―이언 스메일(Ian Smale)

제3장에서 우리는 부모에 대한 애착이 자존감에 중요하다는 사실을 지적한 바 있다. 긍정적 자존감은 부모나 중요한 타자에 대한 애착과 관련이 있어 보이는 반면, 부정적 자존감은 그들과의 분리와 관련된 것으로 보인다. 앞에서 이미 비쳤듯이 기독교에서 이해하는 하나님의 부성애는 이 점에 대해 할 말이 많다. 하나님의 부성은, 성경 일부에 나타난 강한 모성 이미지와 어우러져, 그리스도인의 자존감이 그리스도를 통한 하나님과의 애착에 근거해야 한다는 사

실을 암시한다.

다음과 같이 우리는 이것을 자존감에 대한 세속 접근들과 비교해 볼 수 있다.

- **인지 행동 치료**: 목표와 성취와 성공 그리고 우리가 삶에서 그런 것들에 부여하는 의미를 향해 **밖을** 본다.
- **내담자 중심 심리 치료**: 허울뿐인 외면적 평가를 벗고 우리 자신을 향해 **안을** 본다.
- **기독교**: 하나님과 부활하신 그리스도를 향해 **위를** 본다.

바울은 '위를 보는' 것의 중요성을 이런 말로 표현했다.

그러므로 너희가 그리스도와 함께 다시 살리심을 받았으면 위엣 것을 찾으라. 거기는 그리스도께서 하나님 우편에 앉아 계시느니라. 위엣 것을 생각하고 땅엣 것을 생각지 말라. 이는 너희가 죽었고 너희 생명이 그리스도와 함께 하나님 안에 감추었음이니라(골 3:1-3).

아버지를 향한 그리움

우리는 하나님께 지음받았기 때문에 그분 없이는 만족할 수 없다. 어거스틴이 하나님께 기도한 유명한 말에도 이러한 생각이 배어 있다. "주께서 주님 자신을 위해 저희를 지으셨으니 저희 심령은 주님 안에서 쉴 때까지 쉼이 없습니다." 창조 교리와 구속 교리가 만나면 이 불만족감과 불완전함은 회복 가능한 하나의 상실―하나님과의 교제의 상실―로 풀이된다. 두 교리가 그려내는 깨어진 인간 본성에는 상실을 인식하고 회복을 소망하는 능력을 여전히 품고 있다. 그러나 인간 본성은 자기 수완으로는 결코 만족을 얻을 수 없다. 블레즈 파스칼(Blaise Pascal)의 말처럼 우리 안에는 어떤 것으로도 채울 수 없는 하나님 형상의 빈 공간이 있다. 우리의 공허감은 사실 하나님의 형상대로 빚어진 삶에서 그분의 부재를 느끼는 것이다.

어거스틴에 따르면 우리는 하나님의 임재로부터 분리되어 있다는 느낌을 경험한다. 그는 하나님에 대한 '사랑의 추억'이라는 말로 그 개념을 멋지게 표현했다. 하나님에 대한 **추억**은 창조 교리와 구속 교리에 근거한 것으로, 우리가 죄로 인해 무언가를 일부 **상실**했고 은혜로 인해 그 상실을 어렴풋이 알게 되었음을 말해 준다. 그것이 **사랑**의 추억임은 거룩한 향수, 영적 그리움의 감정으로 경험되기 때문이다. 우리는 하나님과 다시금 애착되고 결합되어 그분과의 강제적 분리가 끝나기를 갈망한다.

복음은 분리를 강요했던 세력, 즉 죄를 하나님이 부수어 강제적 분리를 종결하셨다고 선포한다. 그리스도의 십자가는 죄의 통치가 종식되는 것을 뜻한다. 하나님과 우리의 분리는 십자가로 끝났다. 앞서 본 것처럼 마태는 자존감이라는 주제에 절대적으로 중요한 한 사건을 기록했다. 그리스도께서 죽으시는 순간 성전 휘장이 찢어졌다(마 27:51). 휘장은 하나님이 그 백성과 멀리 계신다는 거리감을 상징했다. 대제사장을 제외하고는 누구도 감히 휘장 안에 들어갈 수 없었다. 그 장벽이 이제 없어졌다. 하나님과의 강제적 분리는 더 이상 없다.

바로 그 이유 때문에 십자가는 그리스도인의 자신감의 근거이며 또한 마땅히 그래야 한다. 십자가는 하나님과의 교제를 회복시켜 우리로 하여금 그분의 임재에 다가가게 한다. "그러므로 우리가 긍휼하심을 받고 때를 따라 돕는 은혜를 얻기 위하여 은혜의 보좌 앞에 담대히 나아갈 것이니라"(히 4:16). 그리스도의 십자가를 통해 우리는 하나님 아버지와의 교제와 그것이 가져다주는 모든 혜택을 되찾았다.

그러나 하나님을 아버지라고 말하는 것에 다른 문제를 제기하는 이들이 있다. 하나님이 아버지라는 우리 믿음은 자신이 분리를 경험했던 부모에 대한 은밀한 갈망을 투사하는 데 지나지 않는 것이 아닐까? 하나님이 아버지라는 개념은 단순히 소원의 대리 성취인 것은 아닐까? 하늘 아버지가 존재한다는 우리 의식은 자신의 가장 큰 갈망이 충족되기를 바라는 은밀한 소망에 다름 아니지 않을까? 하나님은 실체인가 아니면 한밤의 꿈처럼 환각일 뿐인가?

하지만 진정 하나님의 형상과 모양대로 지음받은 우리일진대(창 1:26-27) 그분과의 관계를 소원하는 것이 그리 놀랄 일인가? 하나님을 향한 인간의 갈망은, 그분이 당신과의 관계를 목표로 우리를 존재케 하셨으며 또한 그렇게 할 수 있는 고유의 역량을 주셨다는 사실에 근거한 것이 아닌가? 성경에 처음 나오는 중요한 통찰은 어디까지나 하나님이 세상을 창조하셨다는 것이다. 그렇다면 이 창조 세계가 그분을 증거하는 것, 피조물의 영장인 인간 본성에 그분 성품의 선명한 흔적이 담긴 것, 그리고 그 흔적이 변증의 출발점으로 손색없는 가치를 지니고 있다는 것이 정말 놀랄 일인가? 바울은 이 통찰의 신학적 진실성과 변증학적 중요성을 절실히 믿었다(롬 1-2장).

나아가 예수님의 비유들은 인간 관계가 하나님과의 관계를 반영할 수 있다는 점을 강조한다. 부족하게나마 인간의 부성은 하나님의 부성을 암시하며, 자칫 추상적 개념으로 전락하기 쉬운 내용에 실체와 의미를 입힐 수 있다.

하나님의 은혜로 창조 세계는 창조주를 증거할 수 있다. 하나님의 관대하심 덕분에 우리에게는 그분의 기억이 어렴풋이 남아 있으며, 그 기억의 자극으로 그분을 충분히 회상할 수 있다. 비록 이상과 경험 사이, 창조 세계의 타락한 영역과 구속된 영역 사이에 단절과 분열이 있음에도 불구하고 그 연결 상태에 대한 기억은 구속을 통한 회복의 암시와 더불어 여전히 살아 있다.

아버지께 속함

그리스도인이 된다는 것은 하나님 우리 아버지께 속하는 것이다. 그렇다면 그것으로 인해 무엇이 달라지는가? 그리고 그것이 자존감에 미치는 영향은 무엇인가? 지금부터 우리는 하나님 아버지께 속한다는 것의 다양한 측면을 살펴볼 것이다. 그것을 통해 우리는 이 개념이 자존감 문제에서 핵심이 됨을 이해할 수 있다.

가족으로서 닮음

우리는 다 이래저래 친부모를 닮는다. 좋은 특성도 물려받고 나쁜 특성도 물려받는다. 우리도 경험으로 이미 알고 있듯이 사춘기 아이들에게 "쟤는 아버지를 쏙 뺐다"든지 "애는 엄마하고 똑같다"는 말보다 더 불쾌한 일은 없다. 우리는 머리카락의 색, 재능, 특징적 행동 방식 등 물리적 특성을 물려받는다. 성경은 아울러 모든 인간이 일차적으로 하나님의 형상대로 지어졌음을 강조한다(창 1:26-27). 하나님처럼 우리도 창조하고 사랑하는 역량과 열망이 있다는 뜻이다. 우리는 하나님께 지음받았을 뿐만 아니라 하나님의 성품을 내면에 지니고 있다. 그래서 우리는 다른 사람들을 볼 때 그들 안에서 하나님을 볼 수 있어야 한다(요일 4:20). 이런 의미에서 하나님이 우리 아버지시라는 개념은 하나님이 우리 창조주시라는 개념을 넘어선다. 우리는 그저 그분의 작품인 것이 아니라 그분의 자녀다.

혈통을 얻음

앞에서 본 것처럼 자존감은 혈통과 관계가 있다. 중요한 혈연 관계, 특히 수세기 간 이어져 온 신분을 지녔다는 생각은 우리의 가치 의식을 높여 준다. 특히 입양과 관련이 있는 하나님의 부성 이미지는 우리가 하나님 가족의 일원으로 태초부터 이어져 온 명문 혈통에 속했음을 보여 준다.

신약에서 바울은 믿음을 통한 자존감의 이러한 측면을 다루면서 아브라함이 하나님을 믿는 모든 자들의 영적 조상임을 강조한다. 그의 믿음을 공유하는 자들은 누구나 그를 조상으로 바라보며, 그 결과 인격적 자긍심과 가치 의식을 얻을 수 있다. 아브라함의 후손이 무수히 많으리라는 약속에는 우리처럼 신실하신 하나님의 약속을 믿는 모든 자들이 들어간다. 우리는 각자 자신에게 믿음이 전해져 온 경로를 추적해 신앙의 계보를 그려 볼 수 있다. 결국 그 계보에는 모든 믿는 자들의 조상인 아브라함이 포함될 것이다.

이름짓기는 혈통을 얻는 것의 중요한 측면이다. 하나님 가족의 일원이 된다는 것은 곧 그리스도인이라는 이름으로 불리는 것이다. 성경에는 하나님과의 새롭고 친밀한 관계의 표시로 새 이름을 받은 사람들의 예가 많이 나온다. 아브람은 아브라함이 되고, 사래는 사라가 되고, 시몬은 베드로가 되고, 사울은 바울이 된다. 새 이름은 새로운 소속 관계를 상징한다.

여러 문화의 옛날 이야기에 흔히 등장하는 주제로 왕자가 바꿔치기당하는 것을 빼놓을 수 없다. 주인공은 농부나 노동자 등 사회 계층이 낮은 아이다. 그는 자존감이 낮다. 그러나 본인은 모르지만 그는 왕자다. 그가 태어날 때 누군가가 그를 다른 아기와 바꿔치기했다. 대개 이야기는 왕실 산파가 자기 자녀에게 왕족의 삶을 누리게 하려고 자신의 아기를 왕손과 바꾸는 식으로 전개된다. 이렇게 뒤바뀐 왕자는 자기가 왕족임을 모른 채 농부의 혈통인 줄 알고 자란다. 그러다 대개 이야기가 절정에 달하여 그는 자신의 참 신분을 알게 된다. 그는 왕의 후손인 것이다! 그 결과 그의 자기 평가는 몰라보게 높아진다(이런 줄거리의 예를 베르디의 "일 트로바토레", 길버트와 설리번의 오페레타 "곤돌라의 뱃사공"에서 찾을 수 있다).

이것은 그 형태나 형식에서 우리 모두에게 익숙한 이야기다. 그리스도인의 자존감이라는 주제와 관련하여 이것은 자기 평가에 혈통이 중요함을 보여 준다. 부모는 자녀에게 신분을, 즉 다른 방식으로는 절대 불가능한 신분을 부여한다. 그리스도인의 신분은, 믿음을 통해 우리를 그분의 집으로 입양하신 하나님 우리 아버지께로부터 나온다.

우리는 자신이 믿음을 통해 왕의 혈통을 받았음을 알아야 한다. 물로 난 우리가 이제 하나님의 성령으로 났다(요 3:5). 죽을 자로 난 우리가 이제 영생의 선물을 받았다. 땅의 아버지에게 난 우리가 이제 하나님 가족으로 다시 태어나 그분을 아버지로 두게 되었다.

상속권

바울에게 그리스도인이란 하나님의 친자녀인 것만은 아니다. 우리는 또 믿음으로 하나님 집에 입양되어 입양아의 법적 신분과 그에 수반되는 모든 것을 받았다. 이 '양자의 영'은 우리에게 하늘 아버지로부터의 완전한 상속권을 부여해 준다. 즉 (하나님의 친자녀인)그리스도께서 하나님께로부터 받으신 모든 것이 어느 날 또한 우리 것이 된다. 그래서 바울은 그리스도와 함께 고난받은 우리가 어느 날 가족으로서의 신분과 상속권에 근거해 그분의 부활의 영광에 동참하게 된다고 강조한다. 우리는 수반되는 모든 특권과 함께 하나님 가족의 일원으로 **택함받았다**.

우리가 하나님 집에 입양됐고 하나님이 우리 아버지이시라면, 우리는 일정한 상속권을 받는다(롬 8:17). 우리는 하나님의 정식 상속자요 또한 그리스도와 함께 공동 상속자다. 하나님의 자녀가 되는 것은 곧 하나님의 상속자가 되는 것이다! 마르틴 루터는 **유언**(testament)이라는 단어를 빌어 그 중요한 개념을 전개했다['신약'(New Testament)에 쓰인 것처럼]. 루터에 따르면 이것은 유언장(a last will and testament)이라는 개념을 통해 모두에게 익숙한 말이다. 여기에는 세 가지 관련 개념이 함께 들어 있다.

- 유언자가 상속자에게 자기 재산을 남긴다는 약속
- 상속자의 이름
- 유산이 상속자에게 주어지려면 유언자가 죽어야 한다는 것

루터의 주장은 이렇게 전개된다. 하나님은 용서와 영생의 유산을 약속하셨다. 이 유산은 믿음으로 그분께 나아와 그분의 구속의 약속을 믿는 모든 자에게 약속된 것이다. 그리고 예수 그리스도의 죽음으로 말미암아 이 약속은 지금 효력이 있으며 그 유산은 지금 받을 수 있다.

부성애

자녀들을 향한 하나님의 부성애는 그들의 가장 깊은 필요인 양육, 수용, 분명한 기준 설정, 가르침의 필요를 채워 준다.

양육. 땅의 아버지가 자기 자녀를 돌보듯 하나님도 우리의 필요를 아시고 채워 주신다.

> 목숨을 위하여 무엇을 먹을까, 무엇을 마실까, 몸을 위하여 무엇을 입을까 염려하지 말라.…너희 중에 누가 염려함으로 그 키를 한 자나 더할 수 있느냐? 또 너희가 어찌 의복을 위하여 염려하느냐? 들의 백합화가 어떻게 자라는가 생각하여 보라. 수고도 아니하고 길쌈도 아니하느니라. 그러나 내가 너희에게 말하노니 솔로몬의 모든 영광으로도 입은 것이 이 꽃 하나만 같지 못하였느니라. 오늘 있다가 내일 아궁이에 던지우는 들풀도 하나님이 이렇게 입히시거든 하물며 너희일까보냐? 믿음이 적은 자들아. 그러므로 염려하여 이르기를 무엇을 먹을까, 무엇을 마실까, 무엇을 입을까 하지 말라(마 6:25-31).

수용. 무조건적 수용은 책임 있는 양육의 핵심이다. 자신이 받아들여짐을 알 때 아이는 자랄 수 있는 안전 기지를 확보하게 된다. 반석 위에 집을 지은 사람의 비유(마 7:24-27)가 보여 주듯이 하나님은 안전 기지가 되신다. 아버지가 탕자의 귀환을 기뻐했듯이 하나님도 설령 우리가 그분을 멀리 떠날 때라도 우리를 조건 없이 받아주신다(눅 15:11-24).

분명한 기준 설정. 아버지는 자녀를 조건 없이 수용함에도 불구하고 자녀의 행동에 분명한 선을 그어 준다. 수용은 무조건적이다. 그러나 그 수용으로 인해 기대되는 행동의 명확한 설정이 배제되는 것은 아니다. 우리는 하나님이 거룩하신 것처럼 거룩하도록 부름받았다. 우리는 세상의 기준보다 더 높은 행동 기준으로 부름받았다.

가르침. 아버지뿐만 아니라 부모의 전반적 책임에서 중요한 측면은 지도와 가르침이다. 자기 백성을 지도하시는 하나님의 가장 좋은 예 중 하나가 호세아서에 나와 있다. 하나님은 자녀 이스라엘의 손을 잡고 그를 애굽에서 인도하여 내셨다. 이스라엘의 반항에도 불구하고 하나님은 계속 자기 자녀를 사랑하셨다. 그분은 몸을 구부려 자녀 이스라엘을 먹이시고 기르셨다(호 11:1-4). 이것이 자기 백성 이스라엘을 향한 그분의 사랑이다. 그들이 고집을 부려도 그분은 끝내 그들을 포기하실 수 없다(호 11:8).

죄인인 세상 아버지들도 자기 자식들을 돌본다. 예수님은 산상수훈에서 그 점을 지적하신다.

> 너희 중에 누가 아들이 떡을 달라 하면 돌을 주며 생선을 달라 하면 뱀을 줄 사람이 있겠느냐? 너희가 악한 자라도 좋은 것으로 자식에게 줄 줄 알거든 하물며 하늘에 계신 너희 아버지께서 구하는 자에게 좋은 것으로 주시지 않겠느냐!(마 7:9-11)

자식을 향한 인간 부모들의 타고난 애정은 하나님 자신의 성품을 반영한다(곧 보겠지만 그것은 그분의 성품에 근거한 것이기도 하다). 성경은 그분의 백성을 향한 하나님의 사랑을 선포할 때 자주 어머니의 이미지를 사용한다.

> 어미가 자식을 위로함같이 내가 너희를 위로할 것인즉(사 66:13).

> 여인이 어찌 그 젖 먹는 자식을 잊겠으며 자기 태에서 난 아들을 긍휼히 여기지 않겠느냐? 그들은 혹시 잊을지라도 나는 너를 잊지 아니할 것이라(사 49:15).

하나님의 성품은 아무리 희미할지라도 창조 세계를 통해, 즉 자기가 낳은 자식들을 향한 부모의 사랑 속에 빛난다.

자존감에서 타인의 사랑이 중요하다는 것은 이미 살펴보았다. 그 점에서 자녀들을 향한 하나님의 부성애는 결정적이다. 자신이 하나님의 자녀임을 안다는 것은 곧 자신이 하나님의 **사랑받는** 자녀임을 안다는 뜻이어야 한다. 이에 대해 불안한 사람이 있다면 십자가를 묵상하기를 권하고 싶다. 거기서 하나님은 친히 엄청난 대가를 치르시고 자기 백성의 구원을 이루셨다. 좀더 자세히 살펴보자.

당신이 누군가에게 사랑을 보여 주려 한다고 해 보자. 당신은 그 사람에게 사랑한다고 말할 수도 있고 편지를 쓸 수도 있고 찾아갈 수도 있고 꽃을 보낼 수도 있다. 사랑의 표현이 당신에게 요구하는 바가 클수록 그만큼 값지고 설득력 있는 표현이다. 따라서 당신에게 중요한 사람을 위해 당신의 목숨을 주는 것이 사랑의 최고 행위임은 자명하다. "사람이 친구를 위하여 자기 목숨을 버리면 이에서 더 큰 사랑이 없나니"(요 15:13). 그리스도의 죽음에서 우리는 우리를 향한 하나님의 넘치는 사랑을 볼 수 있다. 우리를 위한 그리스도의 자기 희생에는 제한이 없다. 그분의 죽음은 우리를 구원하는 사랑의 행위로 자신의 전부를 내어주신 것이다. 그분은 그렇게까지 우리를 아끼신다. 그분은 자신의 전 존재와 소유를 우리를 위해 내어주신다. 그것을 생각할 때 우리는 하나님의 안전한 부성애 안에서 의기양양하게 걸을 수 있어야 한다.

우리는 죄인이지만 하나님은 우리를 사랑하신다. 거기에는 전혀 모순이 없다. 하나님은 조건 없이 우리를 사랑하신다. 거기에는 망상이나 기만이 없다. 시편 기자가 강조한 것처럼(시 139:1-4) 하나님은 우리 모습을 정확히 아신다. 그분은 우리 존재의 깊은 곳까지 꿰뚫어 보신다. 그분은 우리가 죄인임을 아시면서도 우리를 사랑하신다. 사도 바울도 그 점을 피력한다(롬 5:7-8). 누군가가 정말 중요한 사람이나 선인을 위해 의당 자기 목숨을 내주려 하는 것은 얼마든지 이해할 수 있는 일이라고 바울은 말한다. 그런데 그리스도는 죄인들에게 사랑을 보이시려 죽으셨다. 우리는 우리 하나님 아버지가 사랑하시고 귀히 보시는 죄인들인 것이다.

아버지의 고통

애착은 쌍방의 과정이다. 최근의 애착 이론 연구는 **부모와의** 분리 불안에 초점이 맞춰 있다. 아이가 학교에 입학하는 날은 아이 못지않게 부모에게도 힘들 때가 많다. 비슷한 방식으로 하나님도 우리와의 분리에 아픔을 느끼신다. 분리는 하나님이 바라시는 상태가 아니다. 그분은 우리를 그분과 멀리 떨어져 살게 하시려고 지으신 게 아니었다. 우리는 그분에 의해 그리고 그분을 위해 지음받았다. 우리가 그분과 분리되고 소외되어 있다는 사실은 그분께 고통과 아픔을 준다. 예수님은 예루살렘 자녀들을 자신에게 모으고 싶은 마음을 토로하시며 예루살렘 성을 향해 슬퍼하셨다(마 23:37-38).

신약에는 자녀들과 화목케 되어 교제가 회복되는 것에 대한 하늘 아버지의 기쁨이 강조되어 있다. 그분은 우리가 그분께 돌아오기를 원하신다. 누가복음 15장에는 잃어버린 양(3-7절), 잃어버린 동전(8-10절), 잃어버린 아들(11-32절) 등 상실에 대한 세 비유가 나온다. 세 비유 모두 공통된 흐름이 있다. 먼저 잃어버린 대상을 찾는다. 그리고 모두 기뻐한다. 우리가 하나님과 화목케 되면 기쁨의 축제가 뒤따른다. "내가 너희에게 이르노니 이와 같이 죄인 하나가 회개하면 하나님의 사자들 앞에 기쁨이 되느니라"(10절).

하나님 아버지의 고통에 대한 가장 뛰어난 고찰 중 하나를 일본 신학자 가조 기타모리(北森嘉藏, 1916-)의 작품에서 볼 수 있다. 제2차 세계 대전 직후 간행된 「하나님의 고통」(*The Pain of God*)에서 기타모리는 하나님이 창조 세계의 고난과 고통에 동참하심을 강조했다. 그분은 우리 고통에 아파하시며 우리 슬픔에 애타하신다. 하나님 아버지는 우리 고통에 동참하시며, 죄 때문에 우리와 분리된 것을 슬퍼하신다. 독일 신학자 위르겐 몰트만(Jürgen Moltmann, 1926-)의 저서에서도 비슷한 개념을 볼 수 있다. 그의 저서 「십자가에 달리신 하나님」(*The Crucified God*, 한국신학연구소 역간)에서 몰트만은 하나님이 아들의 죽음 때문에 겪으시는 고통에 주목한다. 아들은 아버지와 분리되고, 아버지는 아들을 상실한다. 그들은 고통이라는 공통의 유대 관계로 서로 연결된다. 이미 살펴본 것처럼 그리스도는 죽음의 순간 아버지와의 물리적 분리와 도덕적 분리를 모두 당하셨다. 그런데 그리스도의 죽음이 하나님께 미친 영향은 너무나 쉽게 간과된다. 몰트만은 아들의 상실과 분리가 아버지에게 가져다 준 고통스런 결과를 우리가 알아야 한다고 말한다.

하나님의 고통에 대한 인간적 묘사는, 사랑하는 아들의 죽음을 견뎌야 했던 마리아의 고뇌에 관한 말씀에서 볼 수 있다(눅 2:35; 요 19:25). "그 모친이 울며 서 있더라"(Stabat Mater dolorosa)라는 중세의 시에 그 주제가 나온다. 십자가에서 죽어가는 그리스도를 지켜보는 마리아의 슬픔과 비애를 생생히 그려 낸 시다.

하나님의 부성에 대한 신학적 기초

그러나 이 모든 관찰의 배후에는 더 깊은 이슈가 있다. 이는 반드시 짚고 넘어가야 하는 신학적으로 중요한 문제다. 우리는 어떻게 하나님을 아버지로 생각할 수 있는가? 하나님의 부성을 말한다는 것은 무슨 뜻인가? 그리고 그 관계의 위상은 무엇으로 볼 수 있는가? 다시 말해서 우리의 인간 아버지와 하나님은 어떤 관련이 있는가?

이와 관련된 신학의 기초 원리는, 13세기의 위대한 신학자인 토마스 아퀴나스의 글에 특히 잘 진술되어 있는 '존재의 유비'라는 것이다. 아퀴나스의 말을 다음과 같이 요약할 수 있다. 하나님은 우리의 일상 경험과 관련된 방식으로 자신을 계시하신다. 인간 지성의 연약함과 한계 때문에 하나님은 우리가 이해할 수 있는 방식으로 자신을 계시하신다. 우리의 역량에 그분 자신을 맞추어 주시는 것이다.

예를 들면 이 점이 더 분명해질 것이다. "하나님은 우리 아버지시다"는 말을 생각해 보라. 아퀴나스의 주장에 따르면 이 말은 하나님이 인간 아버지 **같은** 분이시라는 뜻이다. 다시 말해 하나님은 아버지와 유사하다. 어떤 면에서 그분은 인간 아버지 같고, 또 어떤 면에서는 그렇지 않다. 분명 유사점이 있다. 인간 아버지가 자식을 돌보듯 하나님은 우리를 돌보신다(참고. 마 7:9-11). 인간 아버지가 우리를 존재하게 했듯이 하나님은 우리 존재의 궁극적 출처이시다. 하나님은 인간 아버지처럼 우리에게 권위를 행사하신다. 마찬가지로 분명 차이점도 있다. 예컨대 하나님은 인간이 아니시다. 출생을 위해 인간 아버지와 어머니가 둘 다 필요하다고 해서, 하나님 아버지와 하나님 어머니가 필요하다는 뜻도 아니다.

아퀴나스가 전하려는 개념은 분명하다. 하나님은 우리의 일상적 실존과 관계된, 그러면서도 하나님을 그 일상 세계의 차원으로 축소시키지 않는 이미지와 개념으로 자신을 계시하신다. 우리가 "하나님은 우리 아버지시다"라고 말할 때 그것은 그분이 그저 또 하나의 인간 아버지라는 뜻이 아니다. 오히려 그것은 인간 아버지에 대한 생각이 하나님을 생각하는 데 도움이 된다는 뜻이다. 이것은 유비다. 모든 유비가 그렇듯 여기에도 들어맞지 않는 부분이 있다. 그러나 여전히 유비는 하나님을 생각하는 데 지극히 유익하고 생생한 방법이다.

유비의 사용이 왜 그렇게 중요한가? 첫째, 유비는 우리가 이해할 수 있는 방식으로 자신을 계시하시는 하나님의 능력을 부각시킨다. 성경에 나오는 하나님의 이미지(예컨대 목자, 왕, 아버지)는 믿어지지 않을 만큼 단순하다. 그것은 상상하고 기억하기 쉽지만 좀 더 묵상해 보면 하나님에 관한 중요하고 심오한 진리를 전해 준다. 성육신 교리는 우리 수준으로 내려오시는 하나님의 의지와 능력을 말해 준다. 하나님은 우리가 소화할 수 있는 예를 들어가며 인간인 우리 수준과 역량에 적당한 방식으로 자신을 계시하신다. 하나님을 목자나 아버지로 생각하기란 쉽다. 그러나 그렇다고 하나님이 **진짜** 목자시거나 아버지시라는 뜻은 아니다. 그것은 하나님을 순전히 인간의 수준으로 축소하는 것이다. 그보다 우리는 목자와 인간 아버지의 특성들에 힘입어 하나님이 어떤 분인지 이해한다. 하나님은 목자나 인간 아버지 **같은** 분이다. 이런 이미지는 하나님과 **동일하지** **않지만** 하나님과 **유사**하다. 유비란 하나님이 우리 수준으로 축소되지 않으면서 우리 수준에 맞게 계시된다는 뜻이다.

둘째, 유비는 기억하기 쉽다. 유비는 우리의 상상에 직접 강하게

와 닿는 강력한 시각적 이미지다. 그림 한 장에 천 마디 말의 가치가 있음을 우리는 안다. 하나님이 우리를 돌보시고 지도하시며 평생 동행하시는 분이라는 표현은 신학적으로 옳다. 그러나 하나님이 목자라고 말하는 것이 훨씬 기억에 잘 남는다. 그 유비 속에 앞의 의미가 다 들어 있다. 사람들은 하나님이 목자시라는 개념을 핵심 성경 구절들(시 23편 같은)과 연결시켜 기억할 수 있다. 그런 이미지를 생각할 때 우리는 그것을 통해 전달되는 다양한 개념을 풀어낼 수 있다.

예수님이 친히 들려 주신 비유들이 이 과정의 전형적인 예다. 비유는 일상 생활의 생생한 이미지이며 창과 같다. 그 창을 통해 우리는 하나님을 엿볼 수 있다. 복잡한 개념—예컨대 용서, 세상에 선악이 공존하는 것 등—이 단순한 그림으로 제시된다. 비유는 하나님을 조금도 자연 세계의 수준으로 떨어뜨리지 않는다. 비유는 우리가 기억하고 이해할 수 있는 방식으로 자신을 계시하시는 하나님의 능력과 결의를 보여 준다. 우리 인간의 연약함과 약점을 친히 잘 알고 이해하시기에 하나님이 양보하시는 것이다.

성경은 풍부한 이미지로 하나님을 묘사한다. 이 이미지들은 우리가 그것에 대해 할 수 있는 해석의 폭을 제한하고 서로를 수정하며 상호 작용한다. 이미지 간 상호 작용의 예를 보면 그 점이 분명해진다. 왕과 아버지와 목자의 유비를 생각해 보라. 각 유비마다 우리가 하나님을 이해하는 데 근본이 되는 권위의 개념이 들어 있다. 그러나 왕들은 신민의 이익을 떠나 임의적으로 행동할 때가 많다. 따라서 하나님이 왕이시라는 유비는 하나님이 일종의 폭군이시라는 의미로 오해될 수 있다. 그러나 성경이 말하는 하나님은 아버지처럼 자녀들에게 애틋한 긍휼을 베푸시는 분이기도 하고(시 103:13-18)

선한 목자처럼 양떼의 유익을 위해 철저히 헌신하시는 분이기도 하다(요 10:11). 그분의 권위는 자상하고 지혜롭게 행사된다.

물론 유비는 반대 방향으로도 통한다. 땅의 통치자들과 아버지들과 목회자들은 모본이신 하나님을 닮아 행동을 만들어 가게 되어 있다. 통치자들은 백성의 권익에 혼신을 다하는 철저한 정직과 헌신의 사람이어야 한다. 아버지들은 자상함과 긍휼로 자녀들에게 권위를 행사해야 한다. 목회자들은 맡겨진 영혼들에게 애정과 헌신을 보여야 한다. 이렇듯 유비는 하나님에 대한 생각뿐 아니라 하나님이 원하시는 세상의 모습을 생각할 때도 도움이 된다.

그런데 인간의 유비와 하나님의 실체 사이의 쌍방적 관계는 한 가지 중요한 난관을 회피하고 있다. 자기 아버지와의 부정적 경험을 근거로 하나님이 아버지시라는 개념을 무익하게 여기는 사람들이 많이 있다. "하나님이 우리 아버지 같다면 나는 그런 하나님은 절대 싫다"라며 말이다. 인간 아버지들 중에는 폭군이나 학대자들이 있다. 그러나 하나님을 그런 이미지로 본다면 그것은 매력적이지도 않고 사실과도 다르다. 성경이 가르치는 마땅한 아버지상에 비추어 볼 때 미흡한 인간 아버지들이 있다. 성경은 특정한 아버지상을 가르친다. 첫째는 인간 아버지들이 본받을 모델로서 그렇고, 둘째는 하나님에 대한 우리의 생각을 조절하기 위해서다. 모든 아버지는 어느 정도 하나님을 반영할 수 있지만, 어떤 아버지들은 남들보다 월등히 뛰어나게 하나님을 반영하기도 한다.

이렇듯 아퀴나스의 유비 교리의 배후에 깔린 개념은 우리가 하나님을 생각하는 방식에서 근본적으로 중요하다. 그것은 하나님이 성경을 통해 우리에게 자신을 계시하시는 방식을 보여 준다. 세상 **위에** 계신 하나님이 어떻게 동시에 세상 **안에** 자신을 계시하실 수 있는지 우리는 그것을 통해 이해할 수 있다. 하나님은 시공 속의 사물이나 사람이 아니시지만, 그럼에도 불구하고 하나님의 존재와 성품에 대한 우리의 이해는 그런 사물과 사람들을 통해 깊어질 수 있다. 무한하신 하나님은 인간의 언어와 유한한 이미지를 통해 확실하고 충분하게 자신을 표현하실 수 있다. 그러나 아퀴나스가 강조한 것처럼 여기에 모순은 전혀 없다. 따라서 이런 식으로 아버지를 하나님 이미지로 사용하는 데는 근본적으로 전혀 문제가 없다.

7. 모든 상황에 자족함: 구속받은 삶

또한 모든 것을 해로 여김은 내 주 그리스도 예수를 아는 지식이 가장 고상함을 인함이라. 내가 그를 위하여 모든 것을 잃어버리고 배설물로 여김은 그리스도를 얻고 그 안에서 발견되려 함이니(빌립보서 3:8-9).

우리는 이미 그리스도의 십자가가 어떻게 그리스도인의 자존감의 근거가 되는지 몇 가지 방식을 살펴보았다. 이 접근을 좀더 구체화하기 위해 이제 우리는 본 맥락에서 특별히 중요한 신약 성경의 한 책으로 넘어간다. 바로 바울의 빌립보서다. 여러모로 이 서신은 그리스도인의 바른 자존감의 기초와 결과에 대한 상세한 주해라고 볼 수 있다.

이 편지의 가장 두드러진 특징 중 하나는 인정하는 분위기다. 많은 바울 서신들은 교회 안의 잘못된 가르침을 반박하기 위해 쓰여졌다. 일례로 갈라디아서에서 바울은 율법의 행위로 의롭다 함을 얻는다는 가르침을 논박한다. 그러나 빌립보서의 어조는 순수하게 긍정적이다. 편지 전체를 통해 바울은 복음과 하나님을 섬기는 독자들과 자신을 인정한다. 이 서신에는 그리스도인의 자존감과 직결되는 중요한 통찰들이 가득하다.

빌립보서

빌립보서는 바울의 가장 짤막한 서신 중 하나지만 신약에서 가장 감동적인 책 중 하나로 널리 인정되고 있다. 이것은 바울의 후기 서신으로 주후 60-64년 사이에 로마에서 기록된 것으로 보인다. '시위대'(1:13)와 '가이사집 사람'(4:22)의 언급 등 서신의 많은 특성이 로마에서 쓰였음을 뒷받침해 준다. 이 서신이 약간 이른 시기(대략 주후 55-57년 사이)에 에베소에서 기록되었다는 생각에도 꽤 근거가 있다. 그러나 대다수 학자들의 의견은 여전히 빌립보서가 바울의 말년에 로마에서 기록되었다는 입장으로 기우는 듯하다.

빌립보에 대해 알려진 것은 무엇인가? 이 도시는 마게도냐 지방 드라게에 인접해 있었다. 요즘으로 보면 빌립보 지역은 터키 국경에서 멀지 않은 그리스 북동부에 해당한다. 빌립보는 아테네에서 유배된 칼리스트라투스(Callistratus)를 통해 크레니데스 성에 처음 건설됐다. 그러다 주전 42/41년에 안토니우스와 옥타비아누스가 브루투스와 카시우스를 멸한 후 로마 식민지로 재건됐다. 로마 공화정의 종식을 불러온 이 전쟁은 셰익스피어의 「줄리어스 시저」에 나오는 "그럼 내 빌립보에서 그대를 보리라"는 유명한 대사로 불후의 명성을 얻게 되었다.

11년 후 안토니우스의 군대가 악티움에서 패한 후 옥타비아누스 황제는 이 식민지를 재건했다. 그래서 빌립보는 이탈리아 분위기가 물씬 풍기는 곳으로 개발됐다. 이탈리아 이주민들의 영구 정착 때문이기도 했고, 마게도냐 내의 전략적 위치로 인해 대규모의 로마

군대가 꾸준히 도시를 드나들기 때문이기도 했다. 따라서 로마 식민지의 언어와 이미지와 관점은 도시 안 바울의 독자들의 일상적 사고의 일부가 되어 있었다. 빌립보는 언어(헬라어보다 라틴어가 더 널리 사용된 것으로 보인다)와 법을 비롯해 로마와 깊이 연관되어 있었다. 로마 제도는 많은 부분에서 시민 생활의 모델 역할을 했다.

서신을 상세히 주해하려면 훨씬 깊은 분석이 필요하겠지만 이 장이 그런 자리는 아니다. 우리의 취지는 그리스도인의 자존감에 중요한 몇몇 주제를 취하여 그것이 심각한 자존감 결핍으로 힘들어하는 그리스도인들에게 얼마나 유익할 수 있는지 보고자 하는 것이다.

종과 성도: 인격적 가치에 대한 불안

편지는 자신들을 "그리스도 예수의 종"(1:1)으로 소개한 바울과 디모데의 인사말로 시작된다. 여기 사용된 헬라어 단어는 '노예'로 옮겨야 더 맞을 것이다. 믿음의 위대한 역설은 우리가 노예—하나님의 노예—가 될 때에만 완전한 자유를 얻는다는 것이다. 그리스도인들은 죽음의 두려움과 죄의 노예 상태에서 해방되어 하나님의 자녀라는 영광의 자유에 들어왔다. 이 자유를 얻기 위해 지불된 값이 그리스도의 죽음이다.

"그리스도 예수의 종"이라는 말에는 놀라운 통찰이 담겨 있다. 고대 세계의 노예들은 주인의 중요도에 비추어 자기 지위를 판단했다. 주인의 사회적 지위가 높을수록 노예의 자부심도 컸다. 그리스도인들은 세상의 현 통치자요 심판자, 세상에서 가장 크고 가장 자비로운 주인의 노예다. 그들은 그리스도를 섬기고자 하위 권세(죄, 죽음, 세상 등)의 속박에서 벗어났고, 그렇게 해서 얻은 새로운 신분으로 인해 크게 기뻐할 수 있다.

편지의 수신자는 "그리스도 예수 안에서 빌립보에 사는 모든 성도"(1:1)다. 여기 사용된 '성도'라는 말은 자존감에 대해 여러 중요한 질문을 제기한다. 너무나 명백하게 죄인이기도 한 그리스도인들을 어떻게 우리는 '성도'라고 볼 수 있는가? 그라우초 마르크스(Groucho Marx)는 자신을 회원으로 받고자 하는 모임이라면 가입하고 싶지 않다고 말한 바 있다. 많은 그리스도인들이 성도라는 개념에 대해 똑같이 느낀다. 우리가 다 '성도'라면 그 말의 가치가 떨어지는 것처럼 느껴진다. 자신의 죄와 약점을 잘 알고 있는 우리가 어떻게 성도로 여겨질 수 있단 말인가?

그래도 우리는 성도다. 우리의 거룩함 때문이 아니라 우리를 부르신 분의 거룩함 때문이다. 하나님은 이미 거룩한 자를(그런 자는 있지도 않지만) 부르시지 않는다. 그분은 기꺼이 자기 죄를 인정할 준비가 되어 있는 죄인들을 부르신다(막 2:17). 그러나 하나님은 그분의 약속에 너무도 신실하시기에, 지금 죄인인 자들도 자기 속에 착한 일을 시작하신 하나님이 끝까지 이루실 것을 알고(빌 1:6) 고요한 신앙의 확신 가운데 기뻐할 수 있다. 여기서 절대 중요한 것은 현재 우리의 거룩함이 아니라 살아 계신 하나님을 붙드는 것이다.

우리는 마지막 날 성도의 무리 중에 설 수 있음을 믿음으로 내다볼 수 있다. 우리의 공로 때문이 아니라 하나님이 약속에 신실하시기 때문이다. 이렇게 미래 상태를 알 때 우리의 현재 자존감은 크게 향상된다. 우리는, 비록 지금은 가난해도 성년이 되면 유산을 물려받게 될 소년과 같다. 그는 자기 앞에 쌓여 있는 미래의 부를 알기에 희망과 자부심 속에 살아갈 수 있다. 우리 그리스도인들도 우리 앞에 놓여 있는 것을 확신과 뜨거운 기대를 가지고 내다보며 지금부터 음미할 수 있다.

바울은 강한 인정의 말로 편지를 시작한다. 그는 빌립보 그리스도인들을 감사와 기쁨으로 기억한다(1:3). 그는 그들을 그리워하며 그들과 함께 있기를 사모한다(1:8). 그들은 그에게 중요하다. 편지를 읽는 그리스도인들도 이 인정에 동참할 수 있다. 우리에게도 빌립보의 선배들과 동일한 믿음과 헌신이 있다. 우리도 바울과 함께 복음의 동역자다. 2,000년 전에 시작된 일을 우리도 우리들의 시대에 계속하고 있다. 이 중요한 통찰은 영광스러움과 인격적 가치에 대한 의식으로 이어진다. 우리는 한없이 중요한 일에 동참하도록 부름받은 것이다.

사슬에 매인 바울: 모든 상황에 자족함

이제 바울의 말은 자신의 상황에 대한 이야기로 이어진다(1:12-30). 그는 감옥에 있다. 많은 이들에게 그것은 심각한 자존감 상실을 불러올 것이다. 세상이 보기에 옥살이란 인격적 존엄성을 상실하는 것과 마찬가지다. 투옥이라는 억압적인 상황 중에는 죄수와 죄수 가족들에게 주는 수욕을 빼놓을 수 없다. 그러나 바울은 자신의 상황에서 의미와 자긍심을 찾을 수 있었다. 그는 "그리스도를 위해 매인"(1:13) 자였고 간수들도 그것을 알았다.

십자가에서 당하신 그리스도의 수욕을 생각하면 이 점을 실감할 수 있다. 그리스도는 처형당하시기까지 여러 사건들로 수모와 공개적 모욕을 당했다. 공개적 채찍질, 군중의 조롱, 그분의 보잘것없는 재산을 노린 제비 뽑기—모든 면에서 그리스도는 죽음의 방식에서 수욕을 겪으셨다.

우리의 자존감을 결정하는 것은 **상황**이 아니라 하나님이 그것을 통해 일하시도록 우리가 허용한 일이다. 바울의 간증은 세상이 보기에 모욕과 수모를 당하는 상황에 처한 사람들까지도 하나님이 사용하실 수 있음을 보여 준다. 그리스도인들은 어떤 상황에 처하든 하나님이 그 상황에서 자신을 쓰실 것을 알기에 자긍심과 위안을 얻을 수 있다.

이런 생각으로 바울은 단지 상황을 견뎌 내는 정도가 아니라 그 안에서 기뻐할 수 있었다(1:18-20). 그리스도인의 믿음은 어떤 일이 벌어지든 하나님이 우리를 쓰실 것이라는 확고부동한 확신이다. 그러나 자신의 가치를 철저히 깎아내리는 그리스도인들이 있다. 그들은 자신이 완전히 무용지물이며 하나님이 자신과 함께 혹은 자신을 통해 아무 일도 하실 수 없다고 믿기도 한다. 자신이 효과적인 기독교 사역을 펼칠 수 없는 상황에 처했다고 생각할 수도 있다. 바라던 직책을 얻지 못하고 그보다 훨씬 열등해 보이고 효과적인 사역의 기회도 적은 자리를 수락해야 했을 수 있다. 그 결과 그들은 자신이 전혀 쓸모없고 무가치한 존재로 느껴지는 것이다.

바울은 그렇게 생각하는 이들에게 말해 줄 것을 말해 주고자 있다. 첫째, 우리 처지에 대한 대중의 평가가 꼭 하나님의 상황 파악과 상통하는 것은 아니다. 바울이 고린도에 있는 그리스도인들에게 일깨운 것처럼(고전 1:26-29) 하나님은 세상 기준이 얼마나 철저하게 허상인지를 보이시고자 세상에서 약하고 어리석다 하는 자들을 택하셨다. 중요한 것은 사태에 대한 세상의 평가가 아니라 하나님의 평가다. 세상은 감옥을 모욕과 수모의 장소로 보았다. 바울은 그곳을 복음을 전파하는 훌륭한 장으로 삼았다. 우리는 매사를 자신의 눈이 아닌 하나님의 눈으로 보는 법을 배워야 한다.

둘째, 자신의 가치를 깎아내리는 것은 하나님이 우리를 통해 아무 일도 하시지 못하게 막는 가장 확실한 방법 중 하나다. 내게 아무 가치가 없다고 주장하는 것은 거짓 겸손 정도가 아니라 하나님께 대한 모욕이다. 그것은 하나님이 우리에게 아무것도 주시지 않았다는 뜻이다. 그것은 그분의 후하심을 철두철미하게 부정하는 처사다. 바울은 그리스도인들에게 은사나 달란트가 없다고 말한 것이 아니라 다만 은사와 달란트를 제대로 보아야 한다고 역설한다. "네게 있는 것 중에 받지 아니한 것이 무엇이뇨? 네가 받았은즉 어찌하여 받지 아니한 것같이 자랑하느뇨?"(고전 4:7) 우리 달란트는 우리 공로나 성취에 대한 보상이 아니라 후히 주시는 하나님의 선물이다.

달란트 비유(마 25:14-30)의 요지도 똑같다. 이 비유를 보면 하나님은 그분의 사람들 모두에게 달란트를 주신다. 이는 그분의 후하심의 표현일 뿐 아니라 교회를 세우고 하나님 나라를 확장하는 데 쓰라는 뜻도 들어 있다. 어리석게 달란트를 부인하는 것은 우리를 통해 일하실 하나님의 기회를 막는 것이다. 그리스도인의 책임감 있는 태도는 하나님이 그분의 사람들 모두에게 은사를 주셨음을 인정하는 것이다. "나는 아무것도 아니다! 나는 달란트가 없다"고 단정하는 거짓 겸손은 우리를 눈멀게 하여, 하나님이 이미 우리에게 주셨고 사용하기를 기대하시는 은사의 실체를 보지 못하게 한다. 이런 거짓 겸손은 우리에게 달란트를 땅에 묻고 부인하라고 충동질한다. 그러나 하나님은 자신이 주신 은사를 우리가 발견하고 사용하기 원하신다.

자신을 소중히 여긴다는 것은 하나님이 내게 주신 것과 그분이 장차 빚으시려는 내 모습을 수용하는 것이다. 그리스도인의 바른 자존감은 하나님이 이미 우리에게 주셨고 세상과 교회에서 그분을 섬기는 데 사용하기 원하시는 많은 은사를 발견하도록 문을 열어 준다. 은사라고 다 똑같거나 가치가 동일한 것은 아니다. 그러나 우리가 할 일은 **남들이** 무슨 은사를 받았는지 염려하는 것이 아니라 내게 주신 은사를 발견하는 것이다. 남의 달란트에 집착하면 시기심에 빠지기 쉽고 자존감이 낮은 상태로 굳어질 수 있다. 대신 우리는 우리에게 주신 은사와 그것을 사용해 우리가 무슨 일로 하나님을 섬길 것인지에 집중해야 한다.

신자의 겸손

이것은 자연히 그리스도인의 겸손에 대한 논의로 이어진다. 바울은 빌립보서 2:1-11에서 그것을 자세히 다루고 있다. 흔히 겸손은 기껏해야 자기 연민적인 자성에 그치기 쉽다. 겸손의 정수는 자기를 비하하거나 깎아내리는 데 있지 않고 다른 사람들을 긍정적으로 평가하는 데 있다. "오직 겸손한 마음으로 각각 자기보다 남을 낫게 여기고"(2:3). 겸손이란 나에 대한 평가를 낮추는 문제가 아니라 남에 대한 평가를 높이는 문제다. 이미 살펴본 것처럼 그리스도인의 겸손의 한 가지 본질적 요소는 우리의 모든 소유와 존재가 하나님께로부터 왔다는 인식이다. 둘째 요소는 하나님이 다른 사람들에게 얼마나 많이 주셨는지 인식하고, 그들을 향한 이 관대하심을 기꺼이 존중하며 기뻐하는 것이다.

칼 로저스를 비롯한 학자들은, 인간이란 먼저 자신을 존중하는 법을 배우지 못하는 한 남을 존중할 수 없다고 주장했다. 신약 성경도 그런 접근을 강하게 시사하고 있다. 이웃을 나 자신처럼 사랑하라는 예수님의 말씀(마 22:35-40; 참고. 갈 5:14)에는 우리가 자신을 **존중**하면 남들도 그만큼 존중할 수 있다는 사실이 전제된 듯 보인다. 사실상 하나님이 우리를 사랑하시고 아끼신다는 사실이야말로 우리도 남들을 똑같이 사랑해야 한다는 명령의 근거로 여겨지고 있다. "사랑하는 자들아, 하나님이 이같이 우리를 사랑하셨은즉 우리도 서로 사랑하는 것이 마땅하도다"(요일 4:11). 이렇듯 하나님께 대한 진정한 애착은 남을 존중하려는 자연스런 열망으로 이어진다.

이것은 시기로 이어질 수도 있으나 바울은 반대로 겸손으로 이어질 수 있고 또 그래야 한다고 말한다. 우리는 하나님이 다른 사람들에게 주신 것에 대해 질투할 것이 아니라 내게 주신 것을 기뻐하며 최대한 선용하기로 책임져야 한다. 또한 이를 통해 우리는 하나님이 당신의 은사를 온 교회에 주신 사실을 충분히 알 수 있다. 그렇게 교회는 더 준비된 모습으로 하나님의 백성을 섬긴다. 하나님이 우리에게 맡기시는 은사는 교회라는 장 안에서 온전한 의미와 적용을 찾는다.

그리스도의 겸손

이어 바울은 성육신—그리스도 예수께서 인간의 형체로 이 세상에 오신 일—의 의미에 대해 파헤친다. 바울은 독자들에게 그리스도가 "자기를 비어 종의 형체를 가져 사람들과 같이 되었다"(2:7)고 일깨운다. 여기에는 엄청난 신학적 의미가 있어 마땅히 따로 책을 써서 심도 있게 연구해야 할 것이다. 그러나 여기서 우리의 관심은 그것이 그리스도인의 자존감에 미치는 의미다.

바울은 '하나님의 형체'(2:6, 난하주)이신 예수 그리스도가 신자들처럼 '종'(7절, 헬라어 단어의 본뜻은 '노예'다)이 되어 "사람의 모양으로" 나타나셨다고 지적한다. 다시 말해 그리스도는 신분과 본질에서 우리 중 하나처럼 되셨다. 이 대목에서 기독교 신학은 그리스도의 자발적 낮아짐을 중시한다. 우리의 구원을 이루시고자 그리스도는 위엄과 영광을 저버리고 우리 중 하나처럼 되셨다. 그런데 이것은 그리스도인의 자존감에 중요한 여파를 미친다. 그리스도는 우리를 구원받기 합당한 자로 여기신다. 우리처럼 되심으로 그분은 인간 본성에 새로운 긍지를 더하셨다. 그리스도는 자신을 낮추심으로 우리를 높이셨다. 우리의 자존감에는 다음 사실이 반영되어야 한다. 그리스도는 우리 중 하나로 우리 가운데 오셔서 죽음을 포함한(7-8절) 인생의 모든 면을 즐거이 공유하실 만큼 우리를 귀히 보셨다. 하나님은 그분을 높이심으로(9절) 우리도 높이셨다. 믿음으로 우리는 그리스도의 모든 존재와 소유에 동참한다.

여기서 핵심은 그리스도가 우리를 구원하시려 자신의 위엄과 신분을 버리셨다는 점이다. 우리를 향한 그분의 경이로운 사랑을 충분히 이해하고자 한다면 우리는 그리스도가 우리를 위해 무엇을 포기하셨는지 인식해야 한다. 그분은 마땅히 상전과 주인으로서가 아니라 종으로 이 세상에 들어오실 만큼 일부러 자신을 낮추셨다. 찬란하다는 말로도 모자랄 만큼 부요하신 그분이 우리를 위해 가난해지셨다. 찰스 웨슬리는 유명한 찬송가 "어찌 날 위함이온지"(And Can It Be?)에서 그것을 이렇게 표현했다.

> 하늘 보좌 아버지 집
> 겸손히 떠나신 그 뜻
> 주의 사랑 사랑만이
> 그 일을 이루셨도다.

그리스도는 명예와 영광을 누리실 자격이 있었으나 종이 되시고자 일부러 그것을 저버리셨다. 우리는 이것을 그리스도께서 무언가

천한 상태를 꾹 참으셨거나 열악한 상황을 최대한 선용하셨다는 차원에서 생각해서는 안 된다. 그리스도는 종으로 섬기는 것을 최고의 소명으로 알아야 한다고 역설하셨고, 친히 종의 신분을 취해 본을 보이셨다. 성육신은 그리스도 안에서 하나님 나라의 가치가 인정되고 구현된 사건이다. 그리스도의 몇몇 제자들이 누가 하나님 나라에서 그분의 우편에 앉는 특권을 얻게 될지 입씨름을 벌이자, 그리스도는 그들을 꾸짖으시며 섬김이야말로 최고의 특권임을 강조하셨다(막 10:44-45). 배반당하시기 직전에 제자들의 발을 씻겨 주심으로(요 13장) 그리스도는 섬김에 부여하신 새로운 지위를 본으로 보이셨다.

종이 되심으로 그리스도는 기독교 공동체 안에서 섬김이 갖는 고귀한 역할을 인정하셨고, 또 신자들을 향한 그분의 헌신을 보여 주셨다. 하나님이 우리를 극진히 아끼시는 그 무한한 경이는 성육신과 십자가의 참 의미를 깨달을 때만 이해할 수 있다. 하나님은 자신을 낮추고 몸을 굽혀 우리 자리에서 우리를 만나 주신다. 바울은 독자들에게 서로를 대할 때 바로 그 겸손을 본받으라고 말한다.

이렇듯 주님은 우리를 위해 종이 되셨다. 그 통찰 속에 기독교에서 말하는 겸손을 이해하는 열쇠가 들어 있다. 그리스도는 몸을 굽혀 우리를 만나 주셨고, 당신이 계신 곳으로 우리를 들어올리시려 우리가 있는 곳으로 즐거이 낮아지셨다. 그리스도의 겸손—종으로 이 세상에 오셔서 고난당하고 버림받아 십자가에서 죽으신 것—을 충분히 묵상할 때에만 우리는 그분이 우리를 얼마나 사랑하시고 얼마나 우리와 함께 있기 원하시는지 조금이나마 깨달을 수 있다.

그러나 이 이야기에는 다른 측면이 있다. 우리를 위해 종이 되심으로 그리스도는 종의 역할에 당신의 위엄을 불어넣으신다. 그리스도를 위해 종 된 우리는 그리스도께서 이 개념에 새로운 위엄과 의미를 부여하셨음을 안다. 종은 더 이상 멸시받고 천대받는 사람이 아니다. 친히 종이 되심으로 그리스도는 이 역할에 새로운 의미의 고결함과 명예를 부여하신다. 그리스도를 위해 종이 된다는 것은 특권이자 명예다. 세상은 이 개념을 받아들이기 어려울지 모르나 신자들에게 이것은 성육신에 대한 값진 통찰이다.

성취인가 축복인가: 자존감의 대립 개념

빌립보서 3장에서 바울은 민족적 특권, 가정 배경, 개인의 성취에 근거한 세상적 개념의 자존감과 그리스도를 믿는 믿음에 근거한 진정한 기독교적 자존감을 대비시킨다. 바울은 먼저 유태인으로서 자신의 자격을 거론한다(4-6절). 자존감의 근거가 인간적 조건에 있는 것이라면 자신의 자격이야말로 흠잡을 데 없다고 그는 말한다. 그는 순 정통 유태인인 정도가 아니라 유대교의 가장 뛰어난 대표 중 하나였다. 유대 민족 가운데에서 그의 위상은 높았다. 그는 잔치의 상석에 앉거나 동료 유태인들의 존경을 얻을 자격이 있었다. 그는 바리새인이었는데 그것은 유태인에게 명예이자 상당한 성취이기도 했다. 순전히 인간적 기준에서 볼 때 바울의 지위는 높았다. 바울이 가문과 성취에 근거해 자신을 평가했다면 그의 자존감은 하늘을 찔렀을 것이다. "만일 누구든지 다른 이가 육체를 신뢰할 것이 있는 줄로 생각하면 나는 더욱 그러하리니"(4절).

그러나 바울은 이 모든 것을 부질없는 것으로 보고 버렸다. "그러나 무엇이든지 내게 유익하던 것을 내가 그리스도를 위하여 다 해로 여길 뿐더러 또한 모든 것을 해로 여김은 내 주 그리스도 예수를 아는 지식이 가장 고상함을 인함이라. 내가 그를 위하여 모든 것을 잃어버리고"(7-8절). 그리스도인의 자존감은 민족적 특권, 가문의 이름, 개인의 성취에 근거하지 않는다. 그 근거는 오로지 전적으로 하나님이 예수 그리스도 안에서 우리를 위해 해주신 일에만 있다. 우리의 자존감은 우리가 하나님을 떠나 자력으로 성취하는 것이 아니라 하나님이 우리를 위해 성취하시는 것이다.

15세기의 저술가 토마스 아 켐피스(Thomas à Kempis)는 그리스도의 십자가에 비추어 볼 때 세상이 주는 모든 것은 초라해진다고 말했다. 신자들은 그리스도를 묵상해야 한다. 그러면 세상 영광이 사라진다(*Et sic transit gloria mundi*). 자존감도 마찬가지다. 그리스도의 십자가의 참빛에 비춰 보면 인간이 중요하고 가치 있다고 여기는 것들이 드러나며, 거기에는 인격적 가치에 대한 인간의 개념도 포함된다. 그리스도의 십자가만이 우리가 자신과 타인에 대한 진정한 평가와 존중의 닻을 내릴 수 있는 안전한 반석이다.

바울은 특히 '의'의 개념을 들어 그 생각을 전개한다. 바울에게 의라는 말은 도덕적 개념을 훨씬 뛰어넘는다. 그것은 하나님 앞에서의 우리의 상태, 하나님이 우리에게 부여하시는 가치를 의미한다. 아주 중요한 구절에서 바울은 율법의 행위에 근거한 거짓 자존감과 그리스도를 믿는 믿음에 근거한 진정한 자존감을 대비시킨다. 바울은 자신이 모든 것을 잃어버리고 "그 안에서 발견될" 각오가 되어 있다고 선포한다. "내가 가진 의는 율법에서 난 것이 아니요 오직 그리스도를 믿음으로 말미암은 것이니"(3:9). 그 대비는 분명하다. 한편에는 율법에 기초한 의가 있다. 개인적 성취일 수도 있고 민족적 특권의 증서인 유대교 율법일 수도 있다. 인격적 가치를 이렇게 이해할 때 우리 자존감의 근거는 유대 민족의 일원이 되는 것, 율법의 모든 조항을 일일이 엄격하게 지키는 것, 사회적·종교적 위계에서 높은 자리에 오르는 것이다. 바울은 이것을 단호히 거부한다.

다른 한편에는 '그리스도를 믿음으로 말미암은' 의가 있다. 이것은 우리가 얻어내는 의가 아니라 이미 우리를 위해 얻어졌고 믿음을 통해 우리에게 주어지는 의다. 믿음은 우리를 그리스도 및 그분이 우리를 위해 성취하신 모든 것과 이어 주는 통로다.

이 대비는 신약 성경의 가장 유명한 비유 중 하나에 특히 명확히 나타난다. 이 비유를 통해 예수님은 인간이 만들어 낸 자기 평가와 하나님에 기초한 자기 평가의 차이를 예시하신다. 잘 알려진 비유지만 전체를 음미해 볼 가치가 있다.

> 두 사람이 기도하러 성전에 올라가니 하나는 바리새인이요 하나는 세리라. 바리새인은 서서 따로 기도하여 가로되 "하나님이여, 나는 다른 사람들 곧 토색, 불의, 간음을 하는 자들과 같지 아니하고 이 세리와도 같지 아니함을 감사하나이다. 나는 이레에 두 번씩 금식하고 또 소득의 십일조를 드리나이다" 하고, 세리는 멀리 서서 감히 눈을 들어 하늘을 우러러보지도 못하고 다만 가슴을 치며 가로되 "하나님이여, 불쌍히 여기옵소서. 나는 죄인이로 소이다" 하였느니라. 내가 너희에게 이르노니 이 사람이 저보다 의롭다 하심을 받고 집에 내려갔느니라. 무릇 자기를 높이는 자는 낮아지고 자기를 낮추는 자는 높아지리라(눅 18:10-14).

바리새인이 위선자라는 암시가 조금도 없다는 점에 주목하라. 그리스도는 그를 액면 그대로 다루신다. 이 바리새인은 율법의 요구를 능가했다. 율법에는 일주일에 **한 번만** 금식하게 되어 있고, 돈과 물건의 **모든** 소득의 십일조를 내라고 되어 있지는 않다. 바리새인은 일주일에 두 번씩 금식하고 모든 소득의 십일조를 냄으로 율법의 요구를 능가했다.

그리스도는 이 바리새인을 위선자라고 책망하지 않으신다. 바리새인의 자랑이 기만에 근거한 것이라는 암시는 전혀 찾아볼 수 없다. 그리스도의 책망은 훨씬 더 근본적이다. 바리새인은 하나님이 아닌 자신을 믿었다. 그의 태도가 그 믿음을 보여 준다. 자신의 성취에 의지하여—실은 으스대기까지 하며—그는 자신이 하나님의 임재 안에 바로 설 수 있다고 생각했다.

완전히 대조적으로 세리는 감히 하나님의 임재 안에 서고자 하지 않을 뿐 아니라 하나님께 가까이 다가갈 수도 없다고 느낀다. 그는 열거해 볼 성취 목록도 가지고 있지 않다. 그가 할 수 있는 일이라고는 자신이 죄인이라는 고백뿐이다. 그러나 그 빈 마음으로 그는 하나님의 충만한 은혜와 의롭다 하심(즉 하나님이 보시기에 의로운 상태)을 받고 집에 돌아갔다. 그의 믿음은 자신이 성취한 것에 있지 않고 하나님의 자비와 은혜에 있다. 그리스도는 이런 태도를 분명히 칭찬하신다. 바울도 이 부분에서 "그리스도의 마음"(고전 2:16)을 품었다.

앞에서 밝혔듯이, 그렇다고 우리가 우리의 성취를 폄하해야 한다는 말은 아니다. 성취란 구원을 살 수 있는 능력을 전혀 가지고 있지 않은 반면에 하나님이 해주신 일에 대한 우리 쪽의 바른 반응이라고 바울은 강조한다. 복음은 "너는 완벽하지 않고서는 구원받을 수 없다! 많은 성취가 없는 한 구원받을 수 없다! 사회 특권층의 일원이 아닌 이상 구원받을 수 없다!"고 외치는 숨막힐 듯한 사고 방식에서 우리를 해방시킨다. 그 모든 것은 완전히 우리 뒤로 사라졌다. 복음은 우리가 하나님의 임재에 들어가는 길을 자력으로 살

수 있다는 환각에서 해방되었다고 선포한다. 하나님이 이미 우리에게 오셨다. 이 또 다른 길을 얻기 위해 우리는 외형에 투자해야 하는 것이 아니라 그것을 기뻐해야 한다.

바울은 이 점을 좀더 자세히 다룬다. 우리의 자존감은 내가 나를 어떻게 생각하고 남이 나를 어떻게 생각하느냐가 아니라 하나님이 나를 어떻게 보시느냐에 근거해야 한다. 하나님이 우리에게 부여하시는 지위가 세상이 줄 수 있는 그 무엇보다 훨씬 존중되어야 한다.

그러나 바울의 논점은 그보다 더 근본적이다. 세상의 가치 기준이 오히려 자신의 독자들로 하여금 그리스도를 얻지 못하도록 막을 수 있다고 그는 말한다. 세상이 인간과 인간 행위에 부여하는 지위는 곤핍한 자들을 막아 그리스도를 얻지 못하게 하는 장벽이 될 수 있다. 축적된 성취는 바르고 튼튼한 자존감을 세우지 못하도록 우리를 빗나가게 할 수 있다. 게다가 균형 잡힌 자존감을 가진 자들이라도 하나님 안에서 더 좋은 길을 볼 수 있다. 바울은 모든 것을 잃어버려도 좋았다. 그렇게 잃음으로써 훨씬 더 좋은 그리스도 그분을 얻었기 때문이다. "모든 것을 해로 여김은 내 주 그리스도 예수를 아는 지식이 가장 고상함을 인함이라. 내가 그를 위하여 모든 것을 잃어버리고"(8절). 그리스도를 얻은 자의 입장에서 바울은 자신이 한때 그토록 가치 있다고 여겼던 것들이 얼마나 얄팍하고 거짓된 것인지 알게 됐다. 바울에게 세상 기준과 가치와 시각은 그리스도로 인해 그 빛을 잃었다. 그분만이 알 만한 가치가 있고 그분의 평가만이 구할 만한 가치가 있다.

바울의 요지는 이것이다. 그리스도를 발견한다는 것은 그분을 기뻐하는 것이고 그분이 소중히 여기시는 것만 존중하는 것이다. 그것은 세상적인 개념의 자존감과 자기 가치의 개념들을 값진 진주의 빛에 완전히 가리운 열등하고 하찮은 것으로 일축하는 것이다. 오직 그리스도 한 분만이 그분의 이름으로 부름받은 그리스도인들에게 자긍심을 주신다. 인종, 계급, 개인의 성취 등 모든 요건은 그리스도의 빛 앞에 희미하게 흐려진다. 그리스도인의 궁극적 특권은 "그리스도와 그 부활의 권능을 아는"(10절) 것이다. 이것은 우리의 성취를 평가절하하는 것이 아니라 다만 우리의 자존감을 성취 위에 세우기를 거부하는 것이다.

그리스도인들은 자신의 가치가, 그리스도께 부름받고 소유됐다는 사실에 있음을 알아야 한다. 그들은 "택하신 족속이요 왕 같은 제사장들이요 거룩한 나라요 그의 소유된 백성"이며 그분은 그들을 "어두운 데서 불러내어 그의 기이한 빛에 들어가게" 하셨다(벧전 2:9). 우리는 세상 기준을 뒤로 하고 그리스도의 평가에 자신을 맡기도록 부름받았다. 바울은 자신을 그렇게 세상 가치를 저버리고 그리스도의 기준에 따라 사는 삶의 살아 있는 본으로 제시한다(빌 3:17-21).

그의 사역 가운데 한 곤란한 때에 바울은 로마 당국 앞에서 자신을 변호할 일이 생겼다. 그래서 그는 듣는 자들을 깊이 감동시킬 만한 방식으로 자신의 자격을 밝혔다. "나는 유태인이라. 소읍이 아닌 길리기아 다소 성의 시민이니"(행 21:39). 여기서 바울은 출신을 근거로 사람을 평가하는 인간의 본성적 성향을 활용한다. 명문가 사람들은 혈연을 이용해 중요한 사회 집단에 접근할 수 있는 경우가 많다. 마찬가지로 영국의 옥스퍼드나 케임브리지, 미국의 아이비리그 대학들에 소속된 교수들은 대체로 학연 덕택에 위신이 크게 높아진다. 그 일 직후에도 바울은 자신의 출신을 들어 로마 호민관의 호감을 얻어냈다. 호민관은 바울이 나면서부터 로마 시민권자임을 알고 나서는(행 22:25-29) 상당히 존중하는 태도로 그를 대했다.

빌립보서에서 바울은, 그리스도인들의 신분은 자신이 출생한 성(城)이 아닌 장차 부름받은 성에 근거한 것이라고 강조한다. 그리스도인은 새 예루살렘의 시민이다. "오직 우리의 시민권은 하늘에 있는지라. 거기로서 구원하는 자 곧 주 예수 그리스도를 기다리노니"(3:20).

바울은 빌립보 사람들에게 익숙한 한 이미지를 사용해 이 개념을 전개한다. 빌립보는 독립된 도시가 아니라 로마의 통치와 군사적 권위 아래 있는 로마 식민지였다. 마게도냐 북동부에 위치했음에도 이 도시는 마게도냐가 아닌 로마의 법과 관습을 따랐다. 바울이 사용한 이미지는 그리스도인의 자존감과 관련해 대단히 유익하다. 교회도 로마 식민지와 같다. 교회는 세상에 있으되 세상 기준을 따르지 않는다. 대신 고국의 가치관을 따른다. 교회는 새 예루살렘을 지배하는 동일한 기준으로 인간과 성취에 대해 평가하는 법을 배운다. 세상은 그런 기준을 마다하고 성취와 소유와 사회적 지위와 출생 환경을 바탕으로 인간을 판단하고 평가할 때가 많다. 그러나 낯선 타국의 한복판에 있는 식민지처럼 교회는 세상의 그런 시각에 압도되지 않고 이의를 제기할 줄 알아야 한다.

그리스도인들은 신실하신 하나님으로 인해 새로워지고 용서받고 변화된 자기 미래의 신분을 확신하고 안심할 수 있다. 현재의 자존감은 하나님의 과거의 구속 행위와 미래의 변화에 대한 약속에 근거한 것이다. 바울은 그리스도가 "우리의 낮은 몸을 자기 영광의 몸의 형체와 같이 변케 하시리라"(3:21)고 강조한다. 다시 말해 우리는 마침내 그리스도**처럼** 되어 그리스도와 **함께** 있게 될 것이다. 이것을 알기에 우리는 현재 자신을 긍정적으로 평가할 수 있다.

이것을 알기에 우리는 그것이 가져다 줄 미래의 신분을 기대할 수 있다. 우리는 완전하지 않지만 그 미래의 신분이 죽음에서의 부활과 함께 우리에게 약속되어 있다. 우리는 혼자 힘으로 그것을 성취할 필요 없이 하나님의 능력과 신실하심을 믿으면 된다. "너희 안에서 행하시는 이는 하나님이시니 자기의 기쁘신 뜻을 위하여 너희로 소원을 두고 행하게 하시나니"(2:13).

그리스도께 잡힌 바 되어

바울은 하나님의 신실하심을 수동적 개념으로 생각하지 않는다. 바로 그 신실하심을 통해 하나님은 우리를 붙잡고 견고히 붙드신다. 그리스도께 견고히 애착되어 있기에 우리는 우리 신분에 대한 세상의 시각을 끊임없이 걱정할 필요 없이 신앙 생활의 과제와 관심사에 시선을 돌릴 수 있다. "오직 내가 그리스도 예수께 잡힌 바 된 그것을 잡으려고 좇아가노라"(3:12). 여기서 바울은 자신을 그리스도께 안겨 있거나 둘러싸여 있는 상태로 본다. 평소 그리스도인을 '그리스도 안에' 있는 자로 보는 것과 마찬가지다.

바울이 사용한 애착의 언어는 그리스도인의 자존감 문제에 빛을 비춰 준다. 아이가 부모에게 '애착될' 때 안전을 느끼듯이 하나님의 자녀들도 그리스도께 잡힌 바 될 때 평안과 안전을 경험한다. 그러므로 '그리스도 안에' 있다는 것은 그분과의 관계에 견고하고도 자비롭게 붙잡혀 있는 것이다. 그리스도의 자상한 사랑에 붙들려 있을 때 우리에 대한 세상의 생각은 하찮은 문제가 된다.

앞서 본 것처럼 그리스도께서 오신 것 자체가 세상 기준에 대한, 특히 세상이 사람을 존중하는 방식에 대한 근본적이고 강력한 도전이다. 예컨대 에런 벡은 우리의 자존감이 외적 성취에 근거해야 한다고 주장한다. 칼 로저스는 그것을 거부하고, 우리가 외적 성취나 타인의 판단에 의존해서는 안 된다고 주장한다. 그러나 무엇이 그 자리를 대신할 것인가? 자존감의 근거는 무엇인가? 바울은 우리 자존감의 궁극적 근거는 '그리스도 안에' 있는 것과 거기 수반되는 모든 것이라고 주장한다.

그리스도인들은 세상이 평가하는 관점에 붙잡힐 필요가 없다. 그리스도의 강림을 예언한 이사야의 말은 깊이 생각해 볼 가치가 있다.

> 그[그리스도]는 멸시를 받아서 사람에게 싫어 버린 바 되었으며 간고를 많이 겪었으며 질고를 아는 자라. 마치 사람들에게 얼굴을 가리우고 보지 않음을 받는 자 같아서 멸시를 당하였고 우리도 그를 귀히 여기지 아니하였도다(53:3).

세상은 그리스도를 귀히 여기지 않았다. 반대로 세상은 그분을 멸시했다. 세상의 기준으로 볼 때 그분은 연약하고 볼품없었기 때문이다. 그러나 결국 세상이 그리스도를 심판한 것이 아니라 그리스도가 세상을 심판하셨다. 그리스도인들은 세상이 자신을 낮게 보더라도 기죽거나 눌리지 말고 그리스도를 의지해야 한다. 성취나 소유를 기준으로 사람들을 존중해야 한다는 세상의 압력에 굴해서도 안 된다. 우리 의의 근거는 우리나 세상이 행하거나 생각할 수 있는 그 무엇이 아니라 그리스도께 있다.

이것을 알기에 바울은 빌립보 그리스도인들에게 재차 확언한다. 바울이 그들을 존중하듯이 그들도 자신을 존중해야 한다. "그러므로 나의 사랑하고 사모하는 형제들, 나의 기쁨이요 면류관인 사랑하는 자들아, 이와 같이 주 안에 서라!"(4:1) 잘못 이해하면 이것은 자만으로 이어질 수 있다. 그러나 바울에게 그리스도인의 바른 자존감은 절망과 무력감을 막아 주는 성채다. 하나님을 위해 효과적으로 잘 일하려 한다면 그리스도인들은 자신이 하는 일을 하나님이 귀히 보시며 자신을 통해 크고 놀라운 일을 행하실 수 있음을 알아야 한다. 그리스도인의 바른 자존감은 우리를 향한 하나님의 사랑과 돌보심에 근거한다. 그것은 하나님의 자리를 넘보지 않는다. 예컨대 하나님 없이도 살아갈 수 있다든지 내 힘으로 자신이나 남을 구원할 수 있다고 순진하게 자기 능력을 믿지 않는다. 오히려 그것은 하나님이 내 결함을 채우시며 그분의 일에 나를 쓰실 수 있음을 알고 믿음과 신뢰로 하나님께 속한다는 뜻이다.

이런 견해에 관해 가장 유명한 고백을 '육체의 가시'에 대한 바울의 묵상에서 찾아볼 수 있을 것이다. 그 '가시'가 무엇인지 우리는 정확히 모르지만 거기에 대한 바울의 해석만은 분명하다. 하나님은 "자고하지 않게 하시려고"(고후 12:7) 그에게 가시를 주셨다. 그 결과 그는 자신의 연약함에도 불구하고 하나님이 정말 자신을 귀히 보시고 사용하실 수 있다는 것을 배웠다. 바울에게 주신 하나님의 말씀에 우리의 모든 말이 압축되어 있다. "내 은혜가 네게 족하도다. 이는 내 능력이 약한 데서 온전하여짐이라"(고후 12:9). 그래서 바울은 그리스도의 능력이 자기 위에 임할 것을 알고 자신의 연약함을 자랑할 수 있었다. "내게 능력 주시는 자 안에서 내가 모든 것을 할 수 있느니라"(빌 4:13).

세속적인 자존감은 하나님을 거스려 하나님보다 자신을 중시하는 것을 수반한다. 그러나 기독교적 자존감은 그리스도 안에서 그리스도를 통해 자신을 중시하는 것이다. 세속적인 자존감은 자만심과 교만 그리고 하나님을 의지하지 않으려는 노골적인 거부로 이어질 수 있다. 그것은 하나님께 반항한 인류의 자기 만족을 위한 기념비인 바벨탑과 같다. 기독교적 자존감은 하나님의 힘이 내 약함을 통해 온전해짐을 인식하고 세상이나 자신보다 하나님의 기준으로 지위를 갖추려는 자세다.

기쁨과 평안: 그리스도 안에서 자족함

빌립보서 마지막 장에서 바울은 앞에서 설명한 신학적 진리의 정서적 결과 또는 영적 열매인 기쁨에 관심을 돌린다. 그리스도인들은 어떤 상황에 처하든 기뻐해야 한다. "주 안에서 항상 기뻐하라. 내가 다시 말하노니 기뻐하라. 너희 관용을 모든 사람에게 알게 하라. 주께서 가까우시니라. 아무것도 염려하지 말고…"(4:4-6). 바울은 자신의 개인적 형편에 대한 유명한 선언으로 이야기를 진전시킨다. "어떠한 형편에든지 내가 자족하기를 배웠노니"(4:11). 하지만 어떻게 그렇게 되는 것인가? 우리는 종종 상황이 절망적이거나 무익해 보일 때도 어떻게 기뻐할 수 있을까? 바울에게 평안과 기쁨의 열쇠는 인간적 판단에 의거해 자신의 처지와 상황을 평가하는 것이 아니라, 하나님을 신뢰하고 자신과 상황에 대한 하나님의 평가를 받아들이는 데 있다.

바울의 자존감은 궁극적으로 상황이나 혈통이나 성취에 근거하지 않기에 그는 어떤 형편에서도 자족할 수 있다. 그의 자존감은 예수 그리스도께 대한 애착에 근거하며, 아무것도 그것을 앗아 갈 수 없다. "이는 내게 사는 것이 그리스도니 죽는 것도 유익함이라"(1:21). 이 애착의 힘은 대단하여 아무것도 염려할 필요가 없을 정도다. 오히려 그는 하나님의 평안 가운데 쉴 수 있다. 염려는 자신의 성취와 상황에 대한 과잉 투자에서 비롯된다. 평안은 그리스도를 통해 하나님께 애착될 때 생겨난다. 바울은 그래서 "모든 일에 배부르며 배고픔과 풍부와 궁핍에도 일체의 비결을 배웠다"(4:12).

모든 상황에 자족할 때 평안이 나온다. 바울은 그리스도께 집중하여 그분의 평안과 기쁨을 맛보고자 거짓 기대를 내어버렸다. 자존감의 근거를 그리스도 안에 두라고 독자들에게 권하면서 바울은, 세상에서 안전과 기준을 찾는 자들이 누릴 수 없는 평안을 그들은 누리게 될 것이라고 확신시킨다. 그리스도 바깥에 뿌리를 둔 자존감은 끊임없는 염려의 원천이 된다. 사람들은 변심하며, 패션도 바뀌고, 오늘 유행하던 것이 내일이면 시들해진다. 바울은 우리에게 참된 긍정적 자존감의 궁극적—그리스도인의 경우 사실 유일한—근거를 제시한다. 바로 우리가 믿음을 통해 그리스도와 연합됐으며 아무것도, 심지어 죽음도 그 고리를 끊을 수 없음을 아는 것이다. 세상적 기초에 근거한 자존감에는 "어제나 오늘이나 영원토록 동일하신"(히 13:8) 그리스도 안에 근거한 자존감의 그 평온함과 불변성이 없다.

결론

이 장을 마치면서 자존감의 원천이 되는 네 가지 영역으로 다시 돌아가 그것들이 복음에 선포된 그리스도를 통한 구속과 어떻게 연관되는지 살펴보자. 이 문제에 대한 세속적 접근과 기독교적 접근을 대비하려 한다.

혈통. 복음은 우리가 믿음을 통해 그리스도께 연합되었다고 선포한다. 우리는 하나님의 가정에 입양되었으며 다른 신자들과 동일한 족보에 속하게 되었다. 그 족보는 아브라함, 이삭, 야곱 같은 성경의 위대한 이름들로까지 거슬러 올라간다.

타인의 사랑. 우리는 단지 믿음을 통해 그리스도께 애착된 정도가 아니다. 이 애착의 근거―다시 말해 애당초 이 애착을 가능하게 한 것―는 그리스도의 십자가 죽음이다. 신약 성경은 그 죽음이 우리를 향한 하나님의 사랑에서 직접 나온 것임을 강조한다. 사랑은 애착을 가능하게 하기도 하고 그 애착을 통해 표현되기도 한다.

역할 수행. 세상은 이것을 타인의 사랑을 얻어 낼 수 있는 방편으로 본다. 그러나 복음이 말하는 하나님의 사랑은 얻어질 수 있는 것이 아니다. 은혜의 교리는 우리가 믿음을 통해 하나님께 애착되는 데 필요한 모든 것을 하나님이 친히 행하셨다고 선포한다. 우리가 수행할 역할은 순종과 믿음과 사랑의 역할이다. 그러나 이런 역할로 하나님의 사랑을 **얻는** 것이 아니라 하나님의 사랑이 **표현되는** 것뿐이다.

영원한 의미. 에른스트 베커(Ernst Becker)가 중요한 저서 「죽음의 부정」(*The Denial of Death*, 1973)에서 지적한 것처럼, 서구 문화는 다분히 죽음이란 없다는 환각을 유지시키거나 육체의 삶을 최대한 연장시키는 일에 경도되어 있다. 여기에는 죽음에 대한 생각이 인간의 자부심과 자존감에 부정적인 영향을 미친다는 데 일부 원인이 있다. 그러나 복음은 다른 해답을 내놓는다. 앞서 본 것처럼 그리스도인의 자존감은 그리스도와의 연합에 근거하며, 그것을 앗아 갈 수 있는 것은 전혀 없다. 죽음이란 기껏해야, 우리와 이 죄 많은 타락한 세상과의 마지막 연결 고리를 잘라 버려 우리를 하나님과 더 가깝게 해줄 뿐이다.

이 장에서는 개인의 자존감에 집중했다. 그러나 그리스도인의 바른 자존감을 키우고 가꾸는 데는 신앙 공동체의 역할도 중요하다. 다음 장에서는 바울이 권면한 평안과 기쁨을 알아 갈 때 교회 공동체가 그 구성원들을 도울 수 있는 방법들을 생각해 볼 것이다.

8. 그리스도 안의 격려: 교회 생활

마지막 장에서 우리는 본서에 전개된 개념들이 기독교 교회 생활에 미치는 의미를 살펴보려 한다. 이 모든 개념은 교회 생활 속에 어떻게 적용되는가? 어떻게 하면 교인들로 하여금 자신을 존중하게 할 수 있는가? 본 장의 주요 강조점은 분명 기독교 상담 및 대인 관계와 관련될 것이다. 그러나 교회를 치유 공동체로 보는 것도 중요하다. 우리는 교회를 병원으로 본 히포의 어거스틴의 유명한 이미지를 이미 보았고, 죄와 신체 질환의 유사성도 살펴보았다. 이제 지금까지 본서에서 공부한 몇 가지 통찰을 적용할 때다.

인정의 필요성

본서를 통틀어 우리는 인정의 중요성을 강조해 왔다. 인간은 자신이 귀히 여김받는다는 것을 느껴야 한다. 우리는 그리스도인들의 근본적 역할 모델인 그리스도의 사역에서 바로 인정의 원리를 본다.

수용

예수님은 말씀과 행동으로 사람들을 받아들여 그들을 인정해 주신다. 많은 신학자들의 지적처럼, 후에 바울을 통해 신학 용어로 정리된 이신칭의 개념은 예수님의 인격적 사역에서 구현되었다. 예수님은 세상이 보기에 수용할 수 없는 자들을 수용할 준비가 되어 있으시다. 그분은 로마 당국의 비굴한 꼭두각시인 세리처럼 세상에서는 쓰레기로 통하는 자들과 함께 식탁에 앉으신다. 그분은 점잖은 사람들이 상대조차 하지 않을 창녀들과 어울리신다. 그분은 여자들과 따로 만나―당시로서는 비난받을 일이었다―하나님 나라의 신비에 대해 대등한 입장에서 대화하셨다(요 4:27에서 거기에 대해 놀라는 제자들의 모습을 보라). 그분은 사마리아인들에게 전도하신다. 유태인들이 경악할 일이다. 그분은 문둥병에 걸릴 위험까지 감수하며, 사회에서 부정한 자로 버림받은 문둥병자들과 어울려 대화하시고 심지어 손까지 대신다(막 1:40-42). 한마디로 예수님은 사회에서 쓰레기로 취급받는 자들까지도 만나 주시고 받아 주실 준비가 되어 있으셨다.

수용은 그 자체로 목표가 아니다. 수용은 상대방의 삶이 변화하는 것으로 이어진다. 가장 확실한 예를 삭개오 이야기에서 찾을 수 있을 것이다(눅 19:1-10). 삭개오는 세리로, 동족들의 심한 멸시를 받았다. 엎친 데 덮친 격으로 그는 사회적 지위도 낮은데다 키까지 작았다. 누가는 몇 마디 정제된 문구로 삭개오가 사회에서 업신여김받던 자임을 부각시킨다.

그러나 예수님은 삭개오의 집에 자청하여 가셔서 함께 식사하셨다. 이 세리를 대하는 예수님의 인격적 태도에는 지극한 인정의 특성이 보이는데, 그분을 영접하는 삭개오의 기쁨이 그것을 잘 보여준다. 그러나 이야기는 거기서 끝나지 않는다. 삭개오를 향한 예수님의 인정은 그의 회개로 이어졌다. "주여, 보시옵소서! 내 소유의 절반을 가난한 자들에게 주겠사오며 만일 뉘 것을 토색한 일이 있으면 사배나 갚겠나이다"(8절). 그제야 예수님은 회복과 치유가 완성됐음을 선포하셨다. "오늘 구원이 이 집에 이르렀으니"(9절).

예수님을 따른다는 것은 버림받은 자들을 수용한다는 뜻이다. 교회 밖 세상과 부대껴야 한다는 소명에는 탈출구가 없다. 우리에게 요구되는 것은 단지 적극적인 사회 활동이나 예언적 설교만이 아니라 세상이 얕잡아보거나 거부하는 자들과 인격적인 인정의 관계를 맺는 것이다. 이것은 큰 대가가 따르는 일이다. 세상이 사람들을 거부하는 것은 바로 인습적 의미에서 그들에게 사랑할 만한 구석이 없기 때문일 수 있다. 과거에 거부당하는 것에 익숙해 있던 사람들은 무모하거나 이기적인 행동으로 관계를 시험할 때가 많다. 바로 그 점 때문에, 긴장된 일대일 관계보다는 돌보는 관계의 **네트워크**를 개발하는 것이 중요하다. 그럴 때 그리스도인들은 정서적으로 힘든 시기에도 기도와 실천으로 서로 지원할 수 있다.

앎

제3장에서 살펴본 것처럼 훌륭한 치료자의 특징 중 하나는 정확한 공감, 즉 정서적 차원과 지식적 차원에서 상대의 처지를 이해하는 것이다. 상담과 심리 치료에서 그것은 내담자의 말을 주의 깊게 들음으로 이루어진다. 훌륭한 경청은 보기보다 훨씬 어려우며 엄청난 집중력이 요구된다. 훌륭한 경청 기술을 기르려면 시간과 훈련이 필요하다. 그러나 그것은 치료를 위한 필수 요건이다. 경청을 통해 치료자는 문제의 심리학적 **이해** 즉 **공식화**에 도달할 수 있기 때문이다. 또한 애써 들으려는 존중의 자세는 내담자와 치료자 사이에 협력적인 유대를 형성해 준다. 이 과정을 서둘러서는 안 된다.

사람들을 만나실 때 예수님은 장시간 단 둘이 대화하면서 삶의 이력을 파악하고 '당면 문제'를 탐색하며 치료적 유대를 형성할 호사를 누리실 수 없었다. 물론 그분은 굳이 그러실 필요가 없었고 지금도 그렇다. 그분은 우리의 창조주이시기에 우리를 이미 속속들이 아시며(시 139편; 요 8:56), 친히 인간이 되어 보셨기에 우리 처지를 이해하신다(마 1:23; 히 4:15).

예수님은 사람들을 그리고 그들의 처지를 모르면서 그들을 수용하신 것이 아니다. 이 사실은, 남들이 내 참 모습을 알면 나를 거부할 것이라고 믿는 회피적 성격의 사람들에게 강하게 전해져야 할 메시지다. 예수님이 자기 존재의 심연을 꿰뚫어 보신 것 같다는 고백을 우리는 여러 사람들로부터 수없이 듣는다. 앞에서 말한 삭개오 기사에서 특히 감동적인 부분은 예수님이 삭개오를 그의 이름으로 아셨다는 것이다(요 10:3도 보라).

이 앎이라는 주제는 특히 요한복음의 특징을 이룬다. 예수님은 "친히 모든 사람을 아셨다"(2:24). 우물가의 사마리아 여인은 자신에 대한 예수님의 말씀에 놀라고 또 변화되어 모든 친구들에게 "나의 행한 모든 일을 내게 말한 사람을 와 보라. 이는 그리스도가 아니냐?"(4:29)고 말했다. 예수님과 나다나엘의 첫 만남(1:47-51)은, 놀란 나다나엘이 "어떻게 나를 아시나이까?"(48절)라고 질문한 것으로 시작하여 예수님이 '하나님의 아들'이라는 고백으로 곧바로 이어진다.

예수님은 사람들을 아시는 분이요, 그분이 섬기시는 자들의 속마음과 생각을 분별하실 수 있는 분이다. 우리는 이 부분에서도 그분을 따르는 자가 되어야 한다. 사람들을 안다는 것은 그들과 시간을 보내며 잘 들어 주고 무엇보다도 편안하게 자신의 약점을 내보일 수 있게 해준다는 뜻이다. 그것은 나부터 내 약점에 솔직해지고, 또 그들에 대한 우리의 수용이 그리스도의 경우처럼 무조건적임을 알려 줄 때 가능하다. 우리는 상대의 삶에 근본적인 변화가 필요함을 볼 수도 있고 그에 관해 상대를 설득해야 할 필요성을 느낄 수도 있다. 그러나 그 모든 과정 중에도 그들을 향한 우리의 사랑은 늘 한결같아야 한다. 이 원리는 자녀 양육 영역에 가장 분명히 적용되지만 절대 부모-자녀 사이에 국한되지 않는다.

기도로 사람들을 인정하기

사람들을 **위한** 기도는 그 자체로서도 우리가 그들을 가치 있게 본다는 표시라는 점에서 인정의 효과가 높다. 그러나 사람들과 **함께** 기도하는 것은 더 큰 인정이 될 수 있다. 기도하는 방식에 신중을 기하면 특히 그렇다. 상대를 위해 기도한다는 것은 그만큼 우리가 그를 귀하게 본다는 뜻이 된다. 나아가 사람들과 함께 인정하는 기도를 드리면 그 유익은 이루 말할 수 없다. 가장 확실한 방법 중 하나는 그들의 유익한 성품 또는 훌륭한 성품이나 은사를 열거하며 그들을 인해 감사하는 일일 것이다. 기도는 우리를 하나님과 더 가까워지게 할 뿐 아니라 서로 서로 더 가까워지게 한다.

설교로 사람들을 인정하기

어떤 목사들의 설교는 훈계의 성격이 강하다. 그런 설교는 교인들의 부족한 점을 강조하며, 그들을 부끄럽게 만들어 더 효과적인 기독교 사역과 생활 방식으로 변화시키는 데 목적을 둔다. 그러나 지나치게 비판적인 접근은 일부 교인들의 부정적 자존감을 강화시킬 수 있다. 따라서 역설적으로, 설교자의 입장에서 그것은 자멸의 길이다. 일부 교인들의 사기를 크게 떨어뜨려 스스로를 설교의 요구대로 변화될 수 없는 존재로 보게 만들기 때문이다.

훈계에는 인정이 병행되어야 한다. 흔히 사람들이 더 자랄 수 있는데도 낮은 수준의 제자로 머무는 이유는 자신감이 부족해서다. 훈계 일색의 엄격한 설교는 그나마 약한 자신감마저 무너뜨려 그들이 영적 성숙에 이르는 것을 더 어렵게 만들곤 한다. 이미 말한 것처럼 예수님의 인정해 주시는 사역은 그분이 만나신 사람들에게 매우 건설적인 영향을 미쳤다. 인정은 훈계를 배제하는 것이 결코 아니라는 점을 강조해야 한다. 다만 인정은 훈계를 바른 정황에 놓아 준다.

인정하는 성격의 설교에 꼭 맞는 본문의 예로는 다음 성경 구절들을 들 수 있다.

시편 103:13-18. 부족하고 연약한 자녀들에 대한 하나님의 긍휼을 강조하고, 그분의 변치 않는 사랑을 확언한다.

고린도전서 1:26-31. 바울은 하나님이 일부러 스스로 약하고 어리석게 여기는 자들을 택하여 그들을 통해 그분의 힘과 지혜를 나타내심을 강조한다.

고린도후서 4:7. '질그릇 안의 보배' 이미지는 지극히 낮고 평범한 것에 지극히 귀한 것을 맡기는 일이 전혀 모순이 아님을 보여 준다.

고린도후서 12:8-10. 연약한 자들을 쓰실 수 있는 하나님의 능력이 선포된다. 하나님의 능력이 연약함 중에 온전해진다는 멋진 선언이다.

빌립보서 2:12-13. 신자들에게 주는 "구원을 이루라"는 권고와 아울러 하나님이 그들 안에서 일하시며 그들에게 그 목표를 이룰 수 있는 힘과 능력을 주신다고 확실하게 선언한다.

베드로전서 2:9-10. 신자들의 소명이 그에 따르는 특권과 함께 강조된다. 모든 연약함과 부족함에도 불구하고 그리스도인들은 세상을 향해 하나님의 사랑을 선포하도록 부름받은 '택하신' 자, '왕 같은' 자, '거룩한' 자다.

그 밖에도 이런 본문은 얼마든지 많이 있다. 앞에 소개한 것이 전부가 아니며 설교자들에게 열려 있는 가능성을 예시한 것뿐이다. 이런 본문들에 강조된 다음 기본 주제들은 인정해 주는 방식의 설교 개발에 대단히 중요하며, 충분한 고려를 통해 전해져야 한다.

- 하나님은 우리가 부족하고 연약하다는 사실을 아신다.
- 하나님은 그분의 복음이라는 값진 선물을 우리에게 맡기셨다. 그분은 복음의 보배를 질그릇 안에 두셨다.
- 하나님의 힘은 인간의 연약함 중에 온전해진다.
- 하나님의 은혜는 우리에게 충분하다.
- 우리는 우리 자신의 능력이 아닌 그리스도의 능력을 의지해야 한다. 자기 의존은 하나님을 의존하는 것을 막는 심각한 장애물이 될 수 있다.

그리스도와의 애착에 대한 인식을 갖도록 돕기

이 책 전반에 걸쳐 논한 것처럼 그리스도인의 자존감은 그리스도와의 연합에 기초한다. 그리스도인의 자존감은 그리스도의 십자가를 바탕으로 믿음을 통해 맺는 그리스도와의 관계에 근거한다. 달리 표현하면 그것은 그리스도께의 애착에 근거하며, 그 애착은 그분의 구원하시는 죽음과 부활을 통해 가능해졌다. 루터는 신자들이 그리스도를 붙들어 그분께 애착되는, '붙잡는 믿음'(*fides apprehensiva*)

에 대해 말했다.

진정 기독교적이고 긍정적인 자존감의 유지는 믿음을 통한 '그리스도와의 애착'을 제대로 구현하는 데 달려 있고, 또 가능한 모든 수단으로 그 연합을 가꾸고 키우는 데 달려 있다. 설교자는 그리스도와의 애착 개념을 통합시키는 구원과 관련된 신약의 중심적 이미지들을 부각시켜야 한다. 여기서 그 중 두 이미지만 먼저 살펴보자.

그리스도의 몸. 신약 성경은 신자들의 공동체—세상에서 교회로 불러냄을 받은 자들—를 빈번히 '그리스도의 몸'으로 지칭한다. "너희는 그리스도의 몸이요 지체의 각 부분이라"(고전 12:27). 몸 이미지는 유기체적 연합으로 연결되어 있다는 개념을 보여 준다. 그리스도는 그 몸의 머리다(골 1:18). 이것은 일단의 사람들이 살아 있는 머리이신 그리스도께 영원히 유기적으로 붙어 있는 이미지다.

이것은 우리의 지위를 인식하는 데 시사하는 바가 있다. 바울은 부족한 지체들도 중요해 보이는 지체들 못지않게 몸의 일부라는 사실을 강조한다(고전 12:12-26). 기능이 다르고 기능에 따른 지위가 달라 보일지라도 각 지체는 다른 지체들을 존중해야 한다. 몸의 모든 부분은 유기적으로 연결되어 더 큰 전체를 이룬다. 그리스도의 몸에 영적 생명을 주고 단일한 성격과 목표를 주는 것은 예수 그리스도와의 연결이다. 우리는 각 지체를 그리스도께 연결된 자로 보고 존중한다. 이 개념은 '그리스도 안에'라는 바울의 강력한 이미지를 통해 한층 심화된다.

그리스도 안에 있음. "그런즉 누구든지 그리스도 안에 있으면 새로운 피조물이라. 이전 것은 지나갔으니 보라 새 것이 되었도다"(고후 5:17). 그리스도인이 된다는 것은 그리스도 안에 있는 것 즉 신부가 신랑에게, 신랑이 신부에게 애착되듯 그분께 연결되고 애착되는 것이다. 이 강력한 이미지는 기독교 신앙이 그리스도를 믿는 것 그 이상임을 강조해 준다. 그것은 그리스도 안에 들어가 그분을 소유하고 또 그분께 소유되는 것이다. 신앙이란 단순한 신조를 훨씬 뛰어넘어 연합의 유대를 만드는 것에 관한 것이다. 앞서 본 것처럼 그것은 가장 깊은 의미에서 그리스도를 붙잡고 그분의 일부가 되는 것이다. 신약의 '거듭남' 이미지(예를 들면, 요 3:3)는 믿음을 통해 그리스도께 연합되는 이 과정의 변화적인 측면을 강조한다.

바로 이런 것들이 그리스도와의 애착 개념을 신학적으로 설명하고 입증할 수 있는 몇 가지 방식이다. 그러나 애착을 심화시키기 위해 애착에 대한 인식을 제고하려면 어떻게 해야 할까? 더 긴밀한 애착을 가꾸는 데 도움이 될 몇 가지 방법을 제안한다.

성례를 좀더 효과적으로 활용한다. 어떤 것을 동화시키는 방법 중 하나는 그것을 먹는 것, 즉 소화 과정을 통해 우리 몸의 일부로 만드는 것이다. 그리스도는 친히 이 이미지를 사용하셔서 그분과 제자들의 친밀한 관계를 강조하신다. "인자의 살을 먹지 아니하고 인자의 피를 마시지 아니하면 너희 속에 생명이 없느니라. 내 살을 먹고 내 피를 마시는 자는 영생을 가졌고 마지막 날에 내가 그를 다시 살리리니"(요 6:53-54). 애착에 대한 이 강력한 은유는 많은 그리스도인들에게 큰 위안을 준다. 성찬의 떡을 먹고 포도주를 마심으로 그들은 자신이 얻은 구원의 대가와 자신과 그리스도와의 관계의 친밀성을 동시에 깊이 확인하고 되새긴다.

마찬가지로 세례도 그리스도와 신자 사이의 긴밀한 애착을 강조한다. 세례를 통해 우리는 그리스도의 죽음과 부활에 연합한다(롬 6:1-11; 골 2:12). 세례는 우리에게 "만일 우리가 그의 죽으심을 본받아 연합한 자가 되었으면 또한 그의 부활을 본받아 연합한 자가 되리라"(롬 6:5)는 것을 일깨워 준다.

전통적으로 복음주의자들은 성례를 목회 사역의 중요한 역할로 간주하지 않았다. 이것은 중요한 통찰을 상실하는 것을 뜻할 수 있다. 예컨대 성례는 종교개혁 영성에 중대한 역할을 담당했다. 루터는 우리에게 성례를 '증표가 부착된 약속'으로 볼 것을 촉구했다. 성례의 물리적 요소가 우리에게 복음의 영적 메시지를 극적이고 효과적으로 깨우쳐 준다는 개념이다. 성찬식은 그리스도를 먹어야만 하는 우리의 필요를 극히 감동적이고 강력하게 일깨워 줄 수 있고 따라서 그분에 대한 우리의 애착을 심화시켜 줄 수 있다. 성찬의 빵을 받으려 빈 손을 내미는 행위 자체는 우리가 빈 마음으로 그리스도의 부요한 양식을 먹으려고 그분께 나온다는 것을 강하게 일깨운다. 성례는 우리에게 애착의 물리적 이미지를 보여 줌으로써 애착의 중요성과 그로 인한 혜택을 시각화한다.

일상 세계에서 애착의 유비들을 좀더 효과적으로 활용한다. 이런 유비는 예컨대 대인 관계 영역이나 자연에서 얻을 수 있다.

대인 관계에서 얻는 확실한 애착의 예는 결혼이다. 루터는 「그리스도인의 자유」(*The Liberty of a Christian*, 도서출판 경건)에서 이 이미지를 사용해 큰 영향을 미쳤다. 거기서 그는 "믿음은 신부가 신랑에게 연합되듯 영혼을 그리스도께 연합시킨다"고 말했다. 믿음은 그리스도와 신자 사이의 상호 헌신과 연합을 일깨우는 '결혼 반지'(루터)다.

이 강력한 이미지는 죄에 대한 성경의 주요 이미지들과 맞아떨어진다. 죄는 이혼과 같다(사 50:1). 즉 하나님과 그 백성의 공식적 분리다. 그러나 이 분리는 회개와 믿음을 통해 종식된다. 죄는 과부가 되는 것과 같다(사 54:4). 이것 역시 하나님과 그 백성이 분리된다는 이미지로 애통과 슬픔이 불가피하게 수반된다. 죄는 "주의 얼굴과 그의 힘의 영광을 떠나는"(살후 1:9) 것이다. 구원이 그분의 임재의 회복인 것과 같은 이치다. 설교자는 이런 이미지를 효과적으로 활용해 신앙 생활에서 그리스도와의 연합의 필요성을 일깨울 수 있다.

자연 세계에서 얻는 이미지의 예는 그리스도께서 포도나무 이미지로 애착 개념을 설명하신 경우다(요 15:1-11). 그리스도는 제자들에게 "내가 참 포도나무요"(1절)라고 말씀하셨다. 그분은 자신이 포도나무요 제자들—구속받은 자들—이 가지라는 개념을 발전시키신다. 그들의 행복은 전적으로 그분께의 애착에 달려 있다. "나를 떠나서는 너희가 아무것도 할 수 없음이라"(5절). 그분과 단절되면 그들은 더 이상 그분이 주시는 생명의 진액을 취할 수 없다. 포도나무에서 가지를 잘라내면 시들어 마르는 것처럼, 그리스도와 분리된 자들도 영적으로 죽게 된다(요 15:6).

창의적인 설교자는 이런 풍부한 이미지를 좀더 개발할 뿐만 아니라 동일한 주제를 강력한 시각적 방식으로 전달하는 다른 이미지들도 발굴할 수 있다. 그림 한 장은 천 마디 말의 가치가 있다. 극히 난해한 신학적 논증보다도 이런 시각적 이미지를 사용할 때, 교인들은 그리스도인의 삶에서 그리스도와의 애착이 중요하다는 사실을 훨씬 효과적으로 이해할 수 있다.

가르침을 통해 사람들을 인정해 주기

책임감 있는 가르침—그 출처는 설교일 수도 있고, 교회 소그룹이나 성경 공부 등 다른 것일 수도 있다—은 사람들을 인정해 주는 데 중요한 역할을 할 수 있다. 특히 부정적인 자존감을 지닌 사람들에게 그렇다. 많은 사람들이 여러 신앙 문제를 정리하는 데 도움이 필요하겠지만 여기서는 자존감과 직결된 부분만 생각하고자 한다. 바로 성취에 대한 평가라는 문제다.

많은 사람들이 성공의 귀인은 하나님께, 실패의 귀인은 자기 자신에게 돌리는 경향이 있다. 몇몇 중요한 성경적 통찰(겸손과 가장 확실하게 연관된)이 반영된다는 점에서 일면 이해할 만한 일이다. 그러나 그것은 무익할 수도 있으며, 복음의 메시지에서 일부 측면을 심각하게 왜곡할 위험이 있다. 왜 그런지 살펴보자.

하나님은 우리를 귀하게 여기신다! 이것이야말로 은혜 교리의 핵심 주제 중 하나다. 그러나 우리는 복음의 부정적 측면만 들을 때가 너무 많다. 즉 우리는 무가치한 죄인이요 하나님 보시기에 훌륭한 일을 전혀 할 수 없다는 것이다. 우리는 우리 자신의 구원을 이룰 수 없다. 1775년경에 쓰인 어거스터스 토플레디(Augustus Toplady)의 유명한 찬송가 "만세 반석 열리니"의 가사에 그 감정이 잘 표현되어 있다.

빈 손 들고 앞에 가 십자가를 붙드네.
의가 없는 자라도 도와주심 바라고
생명 샘에 나가니 맘을 씻어 주소서.

그러나 은혜의 교리는 우리에게 굴욕감을 주려는 것이 아니다. 그것은 우리를 바로 깨우치기 위한 것이다. 행여 우리 힘으로 구원을 얻을 수 있다는 생각을 깨뜨리기 위한 것이다. 우선 우리가 자신의 절망적 상황을 깨달아야만 하나님은 그분께 돌아오도록 우리를 설득하실 수 있다.

은혜의 교리에 대한 올바른 이해는 **성취를 존중하되 그것에 의존하지 않는** 것이다. 성취를 구원의 자연스런 결과가 아니라 구원의 근거로 잘못 볼 때, 성취는 신앙 생활을 위협하는 요소가 된다. 은혜는 우리가 구원을 **얻거나 성취한다**는 개념을 부정하며, 우리 쪽의 노력과 헌신의 필요성을 하나님이 우리를 위해 하신 일에 대한 반응으로 단정한다. 성취─야고보서 2:14-26의 '행위'─는 믿음의 열매다. 나무의 열매를 귀히 여기듯 성취도 귀히 여겨야 한다. 포도나무 이미지(요 15:1-11)는 우리가 포도 열매를 귀히 여기고 아끼며 더 많이 맺도록 힘써야 함을 잘 보여 준다. 그러나 그 열매는 그리스도와의 애착의 전제 조건이나 근거가 아니라, 그 결과다.

우리의 성취를 하나님의 공로로 보는 것은 옳은 일이다. 그럼에도 불구하고 그것은 하나님이 **우리를 통해** 성취하기로 선택하신 것이다. 하나님의 **공로**도 인정해야 하지만 우리는 그것이 자신을 **통해** 성취된 일이라는 점도 인정해야 한다. 하나님과 우리가 함께 일할 때 시너지 효과가 있다. 이런 맥락에서 멍에의 이미지는 매우 중요하다(참고. 마 11:28-30). 성경 시대에는 힘센 짐승과 약한 짐승에게 함께 멍에를 지웠다. 약한 짐승은 자기 혼자서는 절대 할 수 없는 일을 힘센 짐승 덕에 해 낸다. 신자들은 하나님과 한 멍에를 졌다. 그분 덕에 우리는 혼자 힘으로는 불가능한 일을 성취할 수 있다. 하나님과 신자가 함께 일한다(빌 2:12-13). 이 관계에서 좀더 주도적인 역할은 하나님께 있지만, 하나님은 우리에게도 상당한 역할을 맡기시고 우리를 통해 성취하신다. 전자 때문에 후자를 인정하지 못해서는 안 된다. 하나님의 은혜를 믿는다는 것은 우리 힘으로 구원을 얻을 수 있다는 생각을 버리고, 하나님을 위해 노력할 때 그분을 의지하는 법을 배우는 것이다. 복음 사역에 하나님과 동역자가

된다는 개념 자체에 바로 깊은 인정의 효과가 있다.

우리는 자신의 성취를 **존중해야** 한다. 성취를 **자랑하는** 것이 아니라 하나님이 내 안에서, 나를 통해 성취하실 가치가 있다고 보신 만큼 우리도 그것을 존중하는 것이다. 달란트 비유는 이 점을 역설한다(마 25:14-30). 하나님은 우리를 그분의 뜻에 동참시키시며 우리를 높여 주신다. 그분이 우리 안에서, 우리를 통해 하시는 일도 그중 한 부분이다. 한편 우리는 다른 사람들의 성취를 존중하는 법도 배워야 한다. 그들 자신을 위해서도 그렇고 그것이 전체 교회 생활에 가져다 줄 혜택을 위해서도 그렇다. 하나님의 은사는 기독교 공동체를 세우라고 주시는 복이다. 우리는 선물과, 선물 주시는 분과, 선물받은 자들을 높이고 존중하는 것이 마땅하다.

이것은 하나님의 교회에 성과 부진이나 실패의 여지가 전혀 없다는 말로 들릴 수 있다. 그러나 그것은 제4장에 이미 언급된 성경의 한 가지 중요한 주제를 간과하는 것이다. 즉 실패도 하나님이 일하시는 재료와 통로가 된다는 사실이다. 이 점은 바울이 '육체의 가시'에 대해 말하는 고린도후서 12:7-10에 강조되어 있다. 하나님은 그를 낮추시고 그분의 힘이 연약함 중에 온전해짐을 가르치시기 위해 그에게 가시를 주셨다. 실패는 하나님이 우리를 낮추시고, 우리로 하여금 **배우려는** 자세를 주시는 통로가 될 수 있다. 사실 기독교와 세상 지배 문화 사이의 진정한 긴장 가운데 하나는 실패를 대하는 방식과 관계된다.

교사는 교인들 내면의 무익한 귀인 방식들도 잘 살펴야 한다. 부정적 자존감은 부정확한 귀인 방식의 산물일 수 있다. 예컨대 "내가 그 일에 실패한 것은 내가 쓸모없는 자이기 때문이다"라는 귀인에는 반드시 반박이 필요하다. 좀더 정확한 귀인은 "내가 이 일에 실패한 것은 그것이 너무 어려웠기 때문이다"가 될 것이다. 교사는 교인들이 각자 자신의 인지 방식을 탐색할 수 있도록 도와야 한다. 그럴 때 그들은 덜 왜곡된 관점으로 세상을 볼 수 있다.

프레이저 와츠(Fraser Watts)와 마크 윌리엄스(Mark Williams)는 「종교적 지식의 심리학」(*The Psychology of Religious Knowing*)에서 그 점의 중요성을 이렇게 강조한다. "사람들은 자기 귀인의 타당성을 점검해 보는 경우가 드물며, 그 결과 악순환이 생겨나 더 심한 감정 불안과 소외가 더 부당한 귀인과 심화된 정서 불안을 낳게 된다"(p. 117). 따라서 목회자는 그런 가능성을 늘 살피는 가운데 사람들이 자신의 잘못된 귀인을 파악하고 그것을 점검하여 좀더 현실성 있고 유익한 귀인으로 바꾸도록 도와야 한다.

지금까지 우리는 교회 생활에서 인정의 중요성에 대해 살펴 보았다. 그러나 여기서 한 가지 가능한 비판을 제기할 수 있다. 인정해 주는 것은 사람의 과오와 약점과 죄를 지적하지 못한다는 점에서 비판력이 없을 수도 있다는 반론이 가능하다. 그러나 이 장 앞부분에 언급한 것처럼 사람을 인정한다 해서 교정의 노력이 배제되는 것은 절대 아니다. 인정이란 반드시 사람을 변화되지 않은 모습 그대로 둔다는 뜻은 아니다. 예수님의 사역은 비지시적인 인정의 개념을 전혀 지지하지 않는다. 비지시적인 목자가 어떻게 자기 양떼에게, 무엇이든 그들에게 유익한 일을 시킬 수 있단 말인가?

인정과 지시가 공존하는 예수님의 사역의 전형적인 예를, 그분이 부자 청년을 다루시는 방식에서 볼 수 있다(막 10:17-27). 마가는 예수님이 그를 '**사랑하셨다**'고 말한다. 사랑하셨지만(아니 어쩌면 사랑하셨기에) 그분은 강한 지시적·행동적 접근을 보이신다. "가서 네 있는 것을 다 팔아 가난한 자들을 주라. 그리하면 하늘에서 보화가 네게 있으리라. 그리고 와서 나를 좇으라"(21절). 간음하다 잡힌 여자의 경우에도 예수님은 지시적이셨다. "가서 다시는 죄를 범치 말라"(요 8:11). 예수님은 그녀의 죄를 정죄하지 않으셨지만 그럼에도 그녀를 바로잡아 주셨다. 사람들을 인정한다는 것은 있는 모습 그대로 **내버려 둔다는** 뜻이 아니다. 그들을 지금 있는 자리에서 **만나**—그 자리가 어디든 그리고 그것이 때로 얼마나 싫은 자리든—사랑으로 그들을 앞으로 나아가게 한다는 뜻이다.

또 예수님이 과거에서 비롯되었을 문제에 답하실 때도 사람들의 시선을 지금 여기에 확고하게 고정시키시는 모습을 잘 보라. 예를 들어, 소경으로 태어난 사람의 경우(요 9:1-21) 예수님은 단호히 관심을 과거(본인의 죄인가 부모의 죄인가)에서 돌려 현재(예수님 자신의 용서와 치유의 임재)에 집중시키신다. 사람들의 현재 문제의 원인을 어린 시절의 경험에서 찾는 것은 종종 유익하고 흥미롭다. 그러나 그것은 주의를 흐트러뜨리고, 당면한 삶의 문제에 대처하지 못하게 할 수 있다. 과거로부터 물려받은 문제들에 대응하기 위해서는 사람들은 자신이 지금 여기서 존중받고 있음을 느낄 필요가 있다. 예수님과 소경의 만남은 이런 인정하는 만남의 모델이 된다.

기독교 공동체 내의 비판에 대한 신약 성경의 교훈에서도 인정의 필요성을 분명히 찾아볼 수 있다.

비판과 자존감

비판을 하기는 쉽지만 받기는 어렵다. 많은 사람들이 온 세상에 비판이 일시 유예된다면 삶이 훨씬 쉬워질 것이라고 생각한다. 비판은 다른 사람들이 우리의 자존심을 허물거나 자신감을 짓밟는 방법처럼 보일 때가 너무 많다. 비판은 자칫 사람들의 점수를 깎아내려 비판하는 사람에 대해서는 기분을 좋아지게 하는 반면, 본의 아니게 비판받는 쪽은 극히 비참하게 만드는 방편이 되기 쉽다.

그러나 비판은 그리스도인의 삶에서 필수 불가결한 측면이다. 제대로만 사용한다면 비판은 자기 성찰과 인격 성장에 요긴한 자극이 될 수 있다. 비판은 기독교 목회 사역의 필수 요소다. 비판을 통해 사역자들은 자신이 돌보는 사람들로 하여금 본인의 장단점을 발견해 거기에 잘 대응하도록 도와줄 수 있다. 남들이 나를 정말 어떻게 보는지 알려면 우리는 누구나 내 모습에 대한 자신의 왜곡된 시각과 편견에 의존할 것이 아니라 외부의 시각이 필요하다. 많은 심리학자들의 지적처럼 우리는 방어 기제를 통해 자신을 완벽하고 인기 있고 존경받는 존재로 생각하는 성향이 있다. 그것 때문에 우리는 자신의 실상이 전혀 그렇지 않다는 사실을 보지 못하고, 더 나은 사람이 되는 길을 발견하지 못할 때가 많다. 비판은 실태를 파악하는 유익한 길일 수 있다. 실태를 알면 뭔가 조치를 취할 수 있다.

애정이 없는 경우에 종종 무관심을 낳는 것과 마찬가지로, 사랑은 종종 비판으로 표현된다. 하지만 유익한 건설적 비판은 어떻게 가능할까? 어떻게 우리는 사람들의 약점과 과오를 인식시키면서도 그들의 자존감을 세워 줄 수 있을까? 어떻게 우리는 단지 자신의 기분만 좋게 하려는 목적에서 남을 비판하는 덫을 피할 수 있을까? 지금부터 하나님의 성품에 근거한 비판의 신학적 원리를 몇 가지 제시하려 한다. 앞에 언급한 사항들이 부득이 다시 나오겠지만 여기서 우리의 관심은 그것들을 종합하는 것이다. 신학적으로나 실제적으로나, 결정적으로 중요한 사항을 네 가지로 들 수 있다.

1. **비판은 상대방에 대한 지식에 근거한다.** 앞서 본 것처럼 우리에 대한 하나님의 판단과 평가를 믿을 수 있는 이유 중 하나는 그분이

우리를 속속들이 아신다는 점이다. 그분은 우리에 대해 착각이 없으시며, 또 우리는 그분께 아무런 비밀도 가질 수 없다. 하나님은 "마음의 비밀을 아신다"(시 44:21). 우리를 전적으로 아시는 분이 우리를 비판하고 판단하신다. 그분 앞에서 비밀이 있을 수 없기에 그분의 판단은 현실성 있고 믿을 만하다. 바로 그런 사람의 비판이라야 우리는 기분 좋게 들을 수 있다. 그것은 지식에 바탕을 둔 공정한 비판이다.

그러나 하나님의 앎은 그 정도가 아니다. 하나님은 슬픔과 고통으로 점철된 인생 주기를 지난다는 것이 무엇인지 아시고 우리를 판단하신다. 그리스도 안에서 하나님은 우리 가운데 하나가 되어 세상에 들어오셨다. 그분은 직접 겪으셨기에 잘 아신다. 그래서 우리는 그분의 판단의 확실성을 더 믿을 수 있다. 인간으로 산다는 것이 무엇인지 잘 아시는 분이기에(히 4:14-16) 우리는 그분의 비판을 훨씬 쉽게 받아들일 수 있다.

따라서 그리스도의 몸 안에서 이루어지는 비판은 상대에 대한 친밀한 지식이 전제되어야 한다. 우리가 정말 잘 아는 사람은 극소수에 지나지 않는다. 상대를 알고 이해하지 못할 때 우리의 비판은 믿을 수 없고 무익하다. 비판은 특권이다. 공정하고 효과적인 비판은 내가 잘 아는 이들을 상대로만 가능하다.

2. 비판은 상대방에 대한 헌신을 내포한다. 하나님은 우리를 비판하실 권리가 있다. 우리의 창조주이자 구속자로서 우리를 다스리고 돌보시는 분이기에 그분은 자격이 있다. 비판하는 자는 비판받는 자에게 마땅히 헌신되어 있어야 하며, 그래서 비판은 특권이다. 지금까지 말한 모든 내용은 하나님이 우리를 비판하실 자격이 있다는 점을 강조해 준다. 그분은 우리를 속속들이 아시고 우리를 돌보시

며 우리의 미래에 비전을 품고 계신다. 우리가 그분의 능력을 받아 그 비전에 맞게 자신을 빚어 나가는 동안 그분은 기꺼이 우리 곁을 지키신다.

하나님은 우리를 비판하신 뒤 버리지 않으신다. 그분은 우리에게 실패 목록을 들이대시고는 자신을 고치려 발버둥치는 우리를 내버려 두고 떠나지 않으신다. 절대 아니다. 우리가 하나님이 그리스도 안에서 우리 앞에 두신 비전에 삶을 맞추는 동안 하나님은 우리 곁에 머물러 계시면서 능력과 임재와 약속을 주신다. 우리 쪽에서 할 일이 많지만 그것은 이미 하나님이 시작하시고 격려하시고 지원해 오신 일이다. 바울이 그 관계를 잘 표현했다. "두렵고 떨림으로 너희 구원을 이루라. 너희 안에서 행하시는 이는 하나님이시니 자기의 기쁘신 뜻을 위하여 너희로 소원을 두고 행하게 하시느니라"(빌 2:12-13).

그러므로 비판은 그리스도의 몸 안에 있는 상호 관심과 헌신의 증표이자 결과로 보아야 한다. 누군가를 가혹하게 비판하기는 참 쉽다. 그리스도는 우리가 남을 대하는 방식이 곧 하나님이 우리를 대하시는 방식에 반영될 것임을 일깨우신다. 하나님이 남을 용서하지 않는 자들을 선뜻 용서하지 않으시는 것처럼(마 6:14-15), 만일 우리가 다른 신자들에게 가혹하다면 그분은 그런 우리를 엄히 판단하실 것이다. "너희의 비판하는 그 비판으로 너희가 비판을 받을 것이요 너희의 헤아리는 그 헤아림으로 너희가 헤아림을 받을 것이니라"(마 7:2).

3. 비판은 인정의 맥락에 놓여야 한다. 이미 살펴본 것처럼 그리스도의 십자가는 우리를 인정하면서 동시에 비판한다. 먼저 십자가는 하나님이 우리를 얼마나 사랑하시는지 보여 준다. "하나님이 세상

을 이처럼 사랑하사 독생자를 주셨으니"(요 3:16). 십자가는 우리를 향한 하나님의 사랑의 지고한 표현이다. 그것은 우리가 그분께 얼마나 중요한 존재인지 강조해 준다. 십자가를 통해 우리는 하나님이 말로만 아니라 행동으로 사랑을 보이신 분임을 안다.

다른 한편으로 십자가는 우리를 비판한다. 그것은 우리가 죄인이라고 말해 준다. 하나님은 우리를 있는 그대로 사랑하시지만 우리 모습은 그분이 원하시는 상태가 아니다. 우리는 그리스도를 닮아 가야 한다. 십자가는 우리에게 모든 사람이 죄의 권세 아래 있으며 하나님 보시기에 의롭지 못하다는 사실(롬 3:9-10)을 깨우쳐 준다. 우리 중 하나님이 원하시는 모습에 부합하는 자는 아무도 없다. 그리스도의 십자가 안에서 우리는 세상과 우리에 대한 심판을 본다.

이렇듯 십자가는 창조 세계에 대한 하나님의 사랑의 비판을 일러 준다. 그것은 슬픔 어린 비판이요 우리를 향한 애정과 긍휼에 근거한 비판이다. 하나님은 우리가 그분께 매우 중요한 존재라 하시며 우리를 인정하시지만, 동시에 우리가 기껏해야 그분이 원하시는 본연의 모습의 희미한 그림자에 지나지 않는다고 말씀하신다. 그러나 우리를 향한 그분의 사랑과 관심을 알기에 우리는 그 비판을 한결 쉽게 받아들인다. 하나님은 그분의 뜻대로 은혜 안에서 자라도록 우리를 자극하시면서도 너그러이 우리의 자존감을 존중하시고 지켜 주신다.

그러므로 우리는 서로 인정하고 비판하는 일을 동시에 해야 한다. 비판은 상대를 모욕하거나 작은 일에도 핀잔을 주려는 욕구에서가 아니라 상대를 향한 사랑에서 나온다. 남을 제대로 판단하는 것은 외부의 관점—사랑에서 우러난 중요하고 믿을 만한 관점—을 제공해 상대가 자신을 객관적으로 볼 수 있게 해주려는 것이다. 단

이것은 인정의 맥락에서 행해야 한다. 무턱대고 상대를 비판하면 낮은 자존감을 굳히게 될 위험이 있다. 상대에게 자신이 무가치하다는 믿음을 부추길 소지가 있다. 인정은 상대에게 희망과 긍지를 심어 준다. 인정은 사람들로 하여금 적당한 때에 진정한 비판을 더 잘 받아들이게 할 뿐 아니라 기운을 북돋워 주고 그들에게 어떻게든 상황에 대처할 수 있다는 희망을 준다.

아무리 의도가 좋아도 비판은 상대의 미약한 자존감과 자긍심— 흔히 역경 속에서 최악의 상태로 유지되는—을 쉬이 망가뜨릴 수 있다. 생각 없는 비판은 보나마나 파괴적이고 부정적인 영향을 줄 수 있다. 하나님이 우리를 판단하면서도 인정하시는 것처럼 우리도 자신이 섬기고 돌보는 자들을 격려하고 인정하고 존중하려 애써야 한다.

4. **비판 자체가 목표가 아니다.** 하나님이 우리를 비판하시는 것은 우리에게 굴욕감을 주어, 기죽고 깨진 모습으로 흙먼지 속에 눕히기 위해서가 아니다. 그분이 우리를 허무시는 것은 우리를 세우시기 위해서다. 하나님의 정죄는 최종 판결이 아니라 잠정 판결이다. 우리의 현재 모습에 대한 그분의 비판은 우리의 장래 모습에 대한 그분의 비전에서 나온다.

많은 기독교 신학자들이 강조하는 것처럼 그리스도를 믿는 첫걸음은 자기 죄를 아는 것이다. 죄의 실체와 심각성을 인식할 때만 우리는 하나님의 사랑과 은혜를 깨달을 수 있다. 우리를 향한 하나님의 심판은 우리가 은혜를 받는 데 수용의 필수적인 전제 조건인 죄의 실체를 깨닫게 한다. 자신이 정죄받은 자임을 깨달을 때만 우리는 돌아서서 용서를 구한다. 자신의 공허를 발견할 때만 우리는 돌아서서 하나님의 채우심을 구한다. 하나님의 심판은 우리의 부족함을 드러내지만, 하나님의 은혜가 우리를 충족시켜 준다.

이렇듯 비판은 그 자체로 목표가 아니라 목표를 위한 수단으로 보아야 한다. 비판은 한 인간이 불운한 피해자에게 자신의 우월성을 주장하며 그를 때려눕히려는 시도에 지나지 않을 수 있다. 제3장에서 본 것처럼 자존감이 약한 사람일수록 걸핏하면 남을 비하하기 쉽다. 학계에서 가장 싸구려 형태의 비판 가운데 하나가 바로 서평이다. 스탠포드 대학교 역사학 교수인 루이스 스피츠(Lewis W. Spitz)는 이렇게 말한 적이 있다. "책을 쓰는 이들이 있다. 책을 쓸 수 없는 자들은 서평으로 그들을 난도질한다. 서평은 지적으로 자기보다 뛰어난 자들에 맞서 자신을 내세우는 한 가지 방법이다."

그러나 비판으로 인해 비판하는 자의 자아가 부풀려져서는 안 된다. 비판의 바른 기능은 사람들의 성장과 성숙을 돕는 것이며, 하나님께 받은 그들의 은사를 발견하여 그들로 그것을 최대한 활용해 그분을 섬기게 해주는 것이다. 달란트 비유는 모든 신자가 하나님께 은사를 받았다는 사실을 보여 준다. 그 은사를 찾아내 완전히 사용하는 것이 매우 중요하다. 그러나 자기가 자기 은사를 찾아낸다는 것은 종종 어려운 일이다. 외부의 관점이 꼭 필요할 때가 많다. 비판자―그 단어의 가장 좋은 뜻으로―가 진가를 발휘할 수 있는 대목이 바로 여기다. 자신의 은사가 무엇이고 무엇이 은사가 **아닌지** 발견하는 데 외부의 시각이 도움이 될 수 있다.

이것이 하나님이 우리를 판단하시는 방식에 깔린 네 가지 기본 원리다. 이것은 그리스도인의 삶에 매우 귀중하고 적절한 지침이다. 바울은 에베소의 독자들에게 "사랑을 입은 자녀같이 너희는 하나님을 본받는 자가 되라"(엡 5:1)고 권면했다. 하나님은 우리에게 본을 보이셨다. 서로를 대할 때 우리가 마땅히 따라야 할 본이다. 비판은 상대를 **모욕하는** 행위가 아니라 **존중하는** 행위로 보아야 한다.

서로 존중함

기독교 교회는 신자들이 자신감 있게 성장할 수 있는 인정과 수용의 분위기를 제공하고자 해야 한다. 이미 살펴본 것처럼 수용과 인정은 비판 및 교정과 양립 불가능한 것이 아니다.

그러나 별 볼일 없어 보이는 자들이 희생되더라도 일단 성취도가 높은 자들을 존중하는 것이 인간의 본능적 성향이다. 하지만 하나님 나라는 성취와 세상적 순위에 대한 우리 생각을 뒤집는다. 그 과정에서, 교회 생활에 반영되고 통합되어야 할 가치 체계가 형성된다.

이 판이한 태도에 관한 가장 익숙한 말씀은, 그리스도께서 복 있는 자들의 무리를 지목하시는 대목에서 볼 수 있을 것이다(눅 6:20-22). 가난한 자, 주린 자, 우는 자, 세상에서 미움받는 자 등 열거된 범주는 인간을 보는 통념을 전복시킨다. 반대로 예수님은 부요한 자, 배부른 자, 웃는 자, 모두에게 칭찬받는 자를 책망하신다(24-26절). 교회는 세상에서 정상이라고 통하는 수용 방식을 그대로 답습해서는 안 된다. 교회는 세상이 멸시하고 무시하는 자들을 수용하고 존중할 줄 알아야 한다.

이 원리의 예를 몇 가지 더 살펴보면 그 중요성과 적용 범위를 알 수 있다.

1. 먼저 된 자가 나중 되고 나중 된 자가 먼저 된다(마 19:30; 20:16). 인간들 사이의 서열이 하나님 나라에서는 얼마든지 완전히 전복될 수 있다. 예수님은 상석을 구하는 인간의 본성을 비판하시며 자신을 낮추는 자들이 높임을 받는다고 선포하셨다(눅 14:7-11).

2. 신자들은 종으로 부름받았다. "너희 중에 누구든지 으뜸이 되

고자 하는 자는 너희 종[노예]이 되어야 하리라"(마 20:27; 참고. 23:11-12). 주인이라는 위치는 섬기는 의무에서 면제되는 것이 아니라 종의 도를 내포한다.

3. 큰 잔치 비유(눅 14:12-14)에서 식사 초대는 만인에게 열려 있다. 가난한 자들과 병신들과 소경들과 저는 자들 등 세상이 멸시하는 자들도 예외가 아니다. 잔치 초대는 인간의 신분에 근거한 것도 아니고 보상이나 출세에 대한 욕구에 기초한 것도 아니다.

4. 야고보는 교회들이 잘 차려입은 사람들은 환영하고 옷차림이 남루한 사람들은 거들떠보지 않는 경향이 있다고 책망하면서 하나님은 가난한 자들을 불러 믿음에 부요하게 하셨다고 강조한다. "하나님이 세상에 대하여는 가난한 자를 택하사 믿음에 부요하게 하시고 또 자기를 사랑하는 자들에게 약속하신 나라를 유업으로 받게 아니하셨느냐?"(약 2:5) 과부와 두 동전 이야기에도 비슷한 말씀이 나온다(눅 21:1-4).

교회의 각 지체를 존중해야 한다는 이런 강조는, 교회가 그리스도의 몸이라는 신약의 입장에서 자연스럽게 나온다. 그리스도의 몸에 영적 생명을 주고 단일한 성격과 목표를 주는 것은 예수 그리스도와의 연결이다. 그래서 우리는 각 지체를 예수 그리스도께 연결된 자로 보고 존중할 수 있고, 또 사실 그래야만 한다. 바울은 부족한 지체들도 더 중요하게 보이는 지체들 못지않게 몸의 일부임을 강조한다(고전 12:12-26). 모든 지체는 유기적으로 연결되어 더 큰 전체를 이룬다.

몸의 한 부분은 자기 기능이 다른 지체들보다 우월하다고 생각하면 안 된다. 각 지체는 몸의 유익을 가장 중요하게 여겨야 하며, 거기에 기여하는 다른 모든 지체의 기능을 존중해야 한다.

뿐만 아니라 존중할 대상은 단지 달란트나 업적이 아니라 그 사람 자체다. 인정은 전인의 맥락에서 이루어져야 한다. "나는 네 **업적이 좋다**"는 말은 "나는 **네가** 좋다"는 표현의 한 방법이지만 그러나 오직 그 업적 때문에 상대를 좋아한다는 인상을 주어서는 안 된다. 인정은 단순히 일회적 사건이 아니라 교회의 지속적인 태도가 되어야 한다. 제자들이 다른 사람을 몇 번이나 용서해야 되느냐고 물었을 때 예수님은 "일흔 번씩 일곱 번이라도"(마 18:22) 용서하라고 답하셨다. 이것은 기계적으로 정해진 횟수까지 용서를 반복하라는 뜻이 아니다. 그보다는 지속적인 용서의 태도가 제자들의 몸에 배야 한다는 뜻이었다. 마찬가지로 교회는 교인들을 지속적으로 인정해 줄 준비가 되어 있어야 한다. 그리하여 신자들, 특히 **연약한** 신자들이 성장할 수 있는 보호와 돌봄의 공동체를 가꾸어야 한다. 교인들은 서로를 향해 자신을 **내어주고 수용하며 인정해 주어야** 한다.

그러나 우리를 짜증나게 하고 성가시게 구는 사람들을 인정해 주기란 쉽지 않을 수 있다. 그리스도인은 다른 신자들 속에서 그리스도를 보고 그에 따라 그들을 존중해야 한다. 우리는 모두 그리스도 안에 있다(그래서 서로를 무조건적인 인정의 태도와 따뜻함으로 대할 수 있다). 그러나 우리는 다 죄인이다(그래서 서로를 공감과 진실함으로 대할 수 있다). "누구든지 하나님을 사랑하노라 하고 그 형제를 미워하면 이는 거짓말하는 자니 보는 바 그 형제를 사랑치 아니하는 자가 보지 못하는 바 하나님을 사랑할 수가 없느니라"(요일 4:20).

결론

본서를 통해 우리는 자존감에 대해 진정한 기독교적 접근을 개발하는 것이 어떻게 신학적으로 가능하면서도 목회적으로 유익한지 살펴봤다. 우리는 이론적 요소와 실천적 요소가 어떻게 어우러져, 현재 부정적 자존감으로 고생하고 있는 이들에게 좀더 효과적인 사역을 하도록 돕는지 보았다. 설교와 사역에 대해 좀더 사려 깊고 유익한 접근들도 제시했다. 이런 접근들이 양육에 유익한 환경을 조성하는 데 도움이 되기 바란다. 그런 환경이 안전 기지 역할을 해줄 때, 사람들은 세상에서 자신의 부름을 따라 그리스도인으로서의 삶을 효과적으로 살아갈 수 있다.

부록 자존감 성경 공부

성경은 그리스도인의 삶과 생각에 근본적으로 중요하다. 따라서 시간을 들여 본서의 주제들과 연관된 성경 본문들을 묵상하는 것은 중요한 일이다.

다음 성경 본문들은 모두 자존감 이슈와 관련해 중요하다. 개인적으로든 그룹으로든 각 본문이 자존감 문제에 어떤 통찰을 주는지 살피는 마음으로 공부하면 도움이 될 것이다. 예를 들어, 아래 각 본문을 다음 질문들과 연관지어 생각해 보라.

- 이 본문은 자존감 문제에 대한 기독교 고유의 접근에 어떤 통찰을 주는가?
- 나는 이 개념들을 상담 상황에 어떻게 적용할 것인가?
- 이 본문을 설교에 어떻게 사용할 수 있는가?
- 이 본문은 기독교적 방식으로 사람들을 인정하는 데 어떤 도움이 되는가?

욥기 29장. 상실이 욥의 자존감에 미치는 영향에 특히 주목하라. 실제로 욥의 자존감의 근거는 어디에 있다고 생각하는가? 본문은 이 문제에 대해 우리에게 어떤 도전을 주는가?

시편 31:1-3; 마태복음 7:24-27. 하나님을 의지할 때 누리는 안정감을 두 본문 다 반석의 이미지를 사용해 예시하고 있다. 성경의 반석 이미지는 존 보울비가 자존감에 그토록 중요하다고 본 '안전 기지'와 어떻게 관련되는가? 그리고 이것은 자존감 문제에 대한 바른 기독교적 접근에 어떤 통찰을 주는가?

이사야 53:1-12. '고난받는 종'에 대한 이 본문은 그리스도가 고난받고 거부당하실 것에 대한 예고로 널리 받아들여지고 있다(참고. 벧전 2:21-24). **거부당하는** 것이 고난받는 종의 사명에 빼놓을 수 없는 요소임에 주목하라. 이 본문은 여기에 대해 무엇을 말해 주는가? 그리고 그것은 자존감과 어떤 관련이 있는가?

마태복음 25:14-30. 흔히 달란트 비유로 알려진 유명한 본문이다. 셋째 종이 자신의 달란트를 감추고 사용하지 않은 것에 대해 책망받은 이유는 무엇인가? 본문은 기독교가 이해하는 겸손에 대해 무엇을 말해 주는가? 그것은 자존감과 어떻게 연관되는가? 이것이 상담에 주는 의미는 무엇인가?

누가복음 19:1-10; 요한복음 4:7-42. 복음서의 이 두 본문에는 예수님이 삭개오와 우물가의 여인이라는 판이한 두 사람을 만난 사건이 기록되어 있다. 그분이 그들을 대하시는 방식 중 여기서 특히 중요하다고 생각되는 점은 무엇인가? 이런 접근이 기독교 상담에 던지는 의미는 무엇인가? 이것은 바울이 빌립보서 2:1-5에서 권한 바 있는 다른 그리스도인들을 대하는 방식과 어떤 관련이 있는가?

요한복음 6:51-58; 15:1-8. 두 본문 모두 각각 빵을 먹는 것과 포도나무에 붙어 있는 것이라는 애착의 이미지를 담고 있다. 각 이미지가 애착의 본질과 중요성 이해에 어떤 도움이 되는지 설명해 보라. 애착의 유익은 무엇인가? 그리고 포도나무 이미지는 그리스도와의 분리의 결과를 이해하는 데 어떤 도움이 되는가? 여기서 중요한 다른 성경 본문들로 로마서 8:35(우리는 그리스도의 사랑에서 끊어질 수 없다), 빌립보서 3:20(우리는 천국 시민이며 마침내 영원히 그리스도와 함께 있게 된다) 등이 있다.

요한복음 17:13-16. 그리스도인들이 직면할 것이라고 예견되는 도전을 다룬 중요한 본문이다. 그리스도인들은 그리스도께 헌신됐다는 이유로 세상의 존중을 기대하지 말아야 한다고 이 본문은 밝힌다. 이런 각오는 자신의 가치와 중요성에 대한 우리의 생각에 어떤 영향을 미치는가? 세상 **안에** 있되 세상에 **속하지** 않는다는 것의 의미는 무엇인가?

로마서 5:1-5. 우리를 향한 하나님의 수용이 우리의 성취가 아닌 그리스도께서 하신 일에 근거한다는 사실을 본문이 어떻게 강조하고 있는지 주목하라. 우리가 그리스도 안에 수용됐으며 따라서 하나님과 평안을 누릴 수 있다는 사실이 강조되고 있음도 주목하라. 고린도전서 6:20(우리는 값으로 사신 바 되었다), 에베소서 1:5(우리는 하나님의 합법적 자녀로 입양되었다), 골로새서 1:14(우리는 구속받고 용서되었다) 등 우리가 그리스도 안에서 수용되었음을 강조하는 다른 본문들을 살펴보는 것도 유익할 것이다.

빌립보서 4:4-14. 이 본문은 인간의 자존감에 혈통이 중요함을 보여 줌과 동시에 그리스도인의 참된 자기 가치는 그리스도 안에 있음을 강조한다. 바울은 어떻게 그 점을 밝히고 있는가?

참고 도서

책 앞의 *표는 이 분야의 유용한 입문서임을 나타낸다.

Adams, Jay E. *The Biblical View of Self-Esteem, Self-Love and Self-Image* (Eugene, OR: Harvest House, 1986).

Anderson, Neil. *Living Free in Christ*(Ventura, CA: Regal Books, 1993). (「그리스도 안에서 자유함을 얻었습니다」, 은성).

Baumeister, Roy F. *Identity: Cultural Change and the Struggle for Self* (Oxford: Oxford University Press, 1986).

Beck, A. T. *Cognitive Therapy and the Emotional Disorder* (Harmondsworth & New York: Penguin, 1989).

Becker, Ernst. *The Denial of Death*(London: Free Press, 1973).

Bettleheim, Bruno. *The Informed Heart*(New York: Free Press of Glencoe, 1960).

Bowlby, John. *Attachment and Loss.* 2 vols.(London: Hogarth, 1969, 1982).

*_____. *A Secure Base*(London: Routledge, 1988).

Brown, G. W. & Harris, T. *The Social Origins of Depression*(London: Tavistock, 1978).

*Brown, J. A. C. *Freud and the Post-Freudians*(Harmondsworth & New York: Penguin, 1969).

Butler, Gillian & Hope, Tony. *Manage Your Mind*(Oxford: Oxford University Press, 1995).

Carlson, David E. *Counseling and Self-Esteem*(Waco, TX: Word, 1998). 「자존감」(두란노).

*Collins, Gary R. *Christian Counseling: A Comprehensive Guide*(Dallas: Word, 1988).「크리스천 카운슬링」(두란노).

Crook, John H. *The Evolution of Human Consciousness*(Oxford: Clarendon, 1985).

Dent, H. ed. *Clinical Psychology: Research and Development* (Beckenham: Croon Helm, 1987).

Ellison, Craig W. *Your Better Self: Christianity, Psychology and Self-Esteem*(San Francisco: Harper & Row, 1983).

Fennell, Melanie. *Overcoming Low Self-Esteem*(London: Constable Robinson, 1999).

Freud, Sigmund. *Mourning and Melancholia* in *Collected Papers*, vol. 4. (London: Hogarth, 1950).

Gilbert, P. *Depression*(Hove, Sussex: Lawrence Erlbaum, 1992).

Goffman, Erving. *Asylums: Essays on the Social Situations of Mental Patients and Other Inmates*(Harmondsworth: Penguin, 1968).

Greenberger, Dennis & Padesky, Christine. *Mind over Mood*(New York: Guildford, 1995).「기분 다스리기」(학지사).

Hoekema, Anthony A. *The Christian Looks at Himself*(Grand Rapids, MI: Eerdmans, 1975).

*Hurding, Roger F. *Roots and Shoots: A Guide to Counseling and Psychotherapy*(London: Hodder & Stoughton, 1985). 「치유나무」(한국장로교출판사).

Laing, R. *The Divided Self*(London: Tavistock, 1960).

Murray-Parkes, Colin, Stevenson-Hinde, Joan, & Marris, Peter. *Attachment Across the Life Cycle*(London: Routledge, 1991).

*Rogers, Carl R. *On Becoming a Person*(London: Constable, 1961).

Rutter, M. *Maternal Deprivation Reassessed*(Harmondsworth & New York: Penguin, 1981).

Schuller, Robert H. *Self-Esteem: The New Reformation*(Waco, TX: Word, 1982).

Smith, M. Blaine. *One of a Kind: A Biblical View of Self-Acceptance* (Downers Grove, IL: InterVarsity Press, 1984).

Szass, T. *The Myth of Mental Illness*(London: Paladin, 1972).

Wagner, Maurice E. *The Sensation of Being Somebody: Building an Adequate Self-Concept*(Grand Rapids, MI: Zondervan, 1975).

Watts, Fraser & Williams, Mark. *The Psychology of Religious Knowing* (Cambridge: Cambridge University Press, 1994).

Wilson, Earl D. *The Discovered Self: The Search for Self-Acceptance* (Downers Grove, IL: InterVarsity Press, 1983).

옮긴이 윤종석은 서강대 영어영문학과를 졸업하였으며, 미국 Golden Gate Baptist Theological Seminary에서 교육학을, Trinity Evangelical Divinity School에서 상담학을 공부했다. 「놀라운 하나님의 은혜?」, 「마음과 마음이 이어질 때」, 「남자는 무슨 생각을 하며 사는가?」, 「하나님이 축복하시는 삶」, 「용서와 화해」(이상 IVP), 「결혼 건축가」(두란노), 「예수님처럼」(복있는사람) 등 다수의 책을 번역하였다.

자존감

초판 발행_ 2003년 6월 18일
초판 15쇄_ 2023년 11월 10일

지은이_ 알리스터 맥그래스·조애나 맥그래스
옮긴이_ 윤종석
펴낸이_ 정모세

펴낸곳_ 한국기독학생회출판부
등록번호_ 제2001-000198호(1978.6.1)
주소_ 04031 서울시 마포구 동교로 156-10
대표 전화_ (02)337-2257 팩스_ (02)337-2258
영업 전화_ (02)338-2282 팩스_ 080-915-1515
홈페이지_ http://www.ivp.co.kr 이메일_ ivp@ivp.co.kr
ISBN 978-89-328-2532-8

ⓒ 한국기독학생회출판부 2003

책값은 뒤표지에 있습니다.
무단 전재와 복제를 금합니다.